LES AVENTURE DU LANGAGE

DIRE ET DISCOURIR

REPÈRES ET FRAGMENTS

vol. 2, n° 4

GEORGES VIGNAUX

Éditions V/F

Troisième édition

11 12 13 14 15

5 4 3 2 1

Table des matières

À propos de l'auteur

Georges A. Vignaux (1940-2019) a été directeur de recherche au Centre national de la recherche scientifique. Il est l'auteur de nombreux ouvrages et articles. Il a été notamment, de 1994 à 1998, conseiller scientifique, chargé du programme « Sciences cognitives auprès du directeur de la Mission scientifique et technique du ministère de la Recherche ; de 2000 à 2004, directeur du laboratoire Communication et Politique, CNRS ; de 2004 à 2008 : directeur du Programme Colisciences à la Maison des Sciences de l'Homme, Paris-Nord. Il a été élevé au rang de chevalier dans l'Ordre national du Mérite. À sa retraite, en collaboration avec le sociologue Pierre Fraser, il s'est essentiellement consacré à l'écriture d'ouvrages de synthèse et d'essais. Cette nouvelle édition revue et corrigée se veut avant tout un hommage à la perspicacité de ce philosophe trop peu connu hors des cercles d'initiés.

Avant propos

Le lecteur pourra s'étonner de certaines redites dans les progressions de ma pensée. Elles me sont nécessaires : en vue de repréciser et confirmer de mieux en mieux les idées que je manipule et les développements que je construis. Ainsi s'échafaude une théorie, au mieux un modèle. Du langage à la pensée, mot après mot, selon l'antique procédé de l'ellipse, les idées prennent appui les unes des autres, sans cesse réitérées : matière du discours où j'invite le lecteur à participer du mouvement…

L’énonciation

On peut parler aujourd’hui de « règles » énonciatives. Cela ne s’est pas fait sans tâtonnements, mais ce fut un choix dont le linguiste Antoine Culioli participa, celui de ne plus s’occuper que de « langage » au sens des réalisations et des manifestations de la langue, telles qu’elles nous sont données quotidiennement ; or :

> « Le langage n’est pas un domaine homogène où l’on peut avoir une problématique qui serait « commune ». On va donc être obligé si on veut pouvoir articuler des domaines comme la sociologie et la linguistique ou autres, de poser de façon explicite, les objectifs avec des procédures de vérification que l’on doit pouvoir énoncer. Sinon, les domaines vont empiéter les uns sur les autres et on arrive ainsi à une telle dilution que l’on assimile à la linguistique beaucoup de choses telles que stylistique, sociologie du langage…[1] »

C’est pourquoi les approches des phénomènes énonciatifs se sont faites, au cours du siècle dernier, si prudemment et progressivement. Citons d’abord l’ethnologue anglais Malinowski[2], frappé par l’observation de la différence fondamentale entre fonctions et sens des simples phrases de politesse. Des propos échangés sur l’état de santé, le temps ou les événements mineurs — toutes choses que nous faisons régulièrement — s’avèrent ainsi essentiels, non par leur sens même, mais pour relier entre eux des gens, accomplir effectivement des actions sociales.

---

[1] Culioli, A. (1976), *Transcription du séminaire de D.E.A.*, Paris : Université Paris 7.

[2] Malinowski, B. (1923), *The Problem of Meaning in Primitive Languages*, in » Ogden, C.K, Richards, I. A, *The Meaning of Meaning* », London : Internal Library of Psychology.

Malinowski redécouvrit que le langage était ainsi un système d'actions, mais ce que l'on concevait aisément pour des sociétés exotiques n'était guère admis pour nos propres sociétés : longtemps on continuera de croire que le langage n'est pas aussi action. À la suite de Malinowski, les travaux d'Austin[3] vont s'attacher à leur tour, à recenser ces « actions verbales » à travers tous les verbes de parole, tels qu'*avertir, remercier, déclarer,* etc, mettant en évidence ce qu'il nomme : la *dimension illocutionnaire,* celle qui correspond à chaque fois, à une action socialement codifiée. Un peu plus tard, Fillmore[4] montrera que ces *actes de parole* s'organisent selon des rôles allocutifs, en plus de ceux du locuteur et de l'allocataire. Le chemin était cette fois définitivement ouvert pour envisager l'étape moderne : celle des constructions qui, en plusieurs lieux, se sont faites vers une *théorie de l'énonciation,* prenant en compte les catégories dégagées de la définition de ces actions de langage, mais visant à modéliser leurs combinatoires sémantiques, selon différents niveaux de « profondeurs » (linguistiques, cognitives, sociales ou **anthropologiques**).

Deux grandes perspectives d'étude des phénomènes langagiers se sont ainsi développées. La première correspond à ce qu'on pourrait appeler l'aspect *indiciel* du langage, la seconde vise à resituer les modes de l'énonciation à l'intérieur d'une théorisation plus générale des actions de discours. À savoir, pour reprendre les termes de Benveniste : d'un côté, « la langue comme répertoire de systèmes de signes et système de leurs combinaisons » ; de l'autre, « la langue comme activité manifestée dans les instances de discours[5] ». C'est à Benveniste, en effet, qu'il faut attribuer le premier travail d'exploration d'un certain nombre de « traces énonciatives » attestées dans notre activité langagière quotidienne : le temps, la personne, les verbes de parole.

---

[3] Austin, J.L. ([1962] 1970), *How to do Things with Words*, Oxford : Oxford University Press, trad. fr., Seuil, 1970.

[4] Fillmore, C. J. (1970), *Verbes de jugement*, in « Langages », 1970, No. 17, p. 56-72.

[5] Benveniste, E. (1970), *L'appareil formel de l'énonciation*, in « Langages », No. 17, p. 12-18.

Quatre types d'éléments vont ainsi composer cet aspect indiciel du langage qui va permettre à chaque auditeur ou lecteur de « s'y repérer », de comprendre dans quelles conditions « cela » a pu être énoncé, à quoi « cela » peut-il renvoyer. Ces quatre catégories de marques énonciatives sont : les interlocuteurs, le temps de l'allocution, son lieu et ses modalités (ou encore la relation établie à chaque fois entre interlocuteurs et énoncé). Les interlocuteurs seront repérables par les pronoms personnels ou possessifs qui les désignent et qui vont s'organiser autour du « je/tu ». Il faut y ajouter un certain nombre d'appellatifs qui traduiront encore le type de relation sociale ou privée établie à chaque fois, entre ces interlocuteurs. Le « temps » et le « lieu » (ici, maintenant, hier, là, demain, en cette situation-là), de leur côté, seront marqués au travers des temps des verbes, des types de pronoms démonstratifs, d'adverbes de circonstance ou de compléments relatifs employés. Quant aux « modalités », elles représentent sans doute la catégorie la plus complexe à définir : comment traiter d'emplois souvent ambigus de termes tels que « bon » ou « bien » ou « peut-être » ou « sans doute » ? Il est manifeste enfin que toute étude des conditions énonciatives ne peut ignorer les problèmes du traitement de la référence et en particulier, l'analyse des conditions du vrai ou du faux.

La « vérité » d'un énoncé n'est-elle pas tributaire des conditions mêmes de son énonciation ? Autrement dit : de la mise en contexte de cet énoncé dans d'autres énoncés le précédant ou le suivant, et dès lors, faisant discours ?

Telle est bien la problématique du second type d'approche des phénomènes d'énonciation, replaçant ceux-ci dans les cadres d'une analyse plus générale : celle du discours, de ses logiques et de ses « modulations »[6]. Il serait naïf de croire en la circonstance qu'il suffirait d'une seule approche des phénomènes de discours ; la tradition s'y oppose en nous ayant légué toute une mémoire rhétorique, de même qu'il ne s'agit pas de se contenter de définir

[6] Vignaux, G. (1988), *Le discours, acteur du monde. Enonciation, argumentation et cognition,* Paris : Ophrys.

des « types » de discours en empruntant à la connaissance sommaire des situations d'énonciation (discours politique, juridique, scientifique, etc.). L'essentiel est plutôt dans *l'analyse de ce qui fait et permet discours.* Dans cette visée, le repérage des phénomènes énonciatifs occupe une position centrale.

On peut ainsi tantôt distinguer des discours « centrés sur le locuteur » en opposition à ceux « centrés sur l'allocataire », tantôt encore des discours explicites en regard de discours implicites. Tout cela confine souvent au bon sens qui nous fait vite percevoir quand un discours parle de lui ou des autres ou encore lorsqu'il nous donne tous les moyens de le comprendre ou qu'il nous les refuse. Freud déjà, opposait « le discours pauvre en indications sur son énonciation » à « celui qui s'y réfère constamment ». De même, un certain nombre de travaux ont confronté monologue et dialogue, de la même façon que Benveniste nous a légué l'opposition fameuse entre « histoire » et « discours ». Ces types d'oppositions ont donné naissance à l'expression de « registres de discours », dont on devine l'imprégnation musicale tout autant que la préoccupation géométrique.

Des *catégories de l'énonciation* ont ainsi pu être définies et selon les approches, tantôt centrées sur l'analyse des jeux temporels entre récit ou commentaire, tantôt focalisées sur la personne du narrateur en regard des autres, selon qu'il emprunte la forme du monologue ou celle du dialogue, témoignant par suite de la présence ou non des interlocuteurs dans le discours[7]. D'autres travaux se sont attachés à renouveler les critères rhétoriques classiques, montrant leur fécondité pour la mise en évidence d'organisations et de fonctionnements topiques des discours[8].

À ces analyses du genre « discours », il faut ajouter le développement considérable d'études portant sur ces éléments jugés initialement « limitrophes », mais dont l'importance a été confir-

---

[7] Bakhtin, M.M. (1970), *Problèmes de la poétique de Dostoïevski*, Lausanne : L'Âge d'Homme.

[8] Angenot, M. (1982), *La parole pamphlétaire,* Paris : Payot.

mée, comme générateurs de stratégies discursives spécifiques. C'est le cas d'abord, des observations issues de la distinction entre illocutionnaire et perlocutionnaire, empruntée à Austin, et qui permettent de mieux comprendre ce qui, d'un côté relève de phénomènes énonciatifs proprement dits, et de l'autre, de l'intervention du sujet énonciateur dans la constitution de la signification. C'est aussi l'attention portée au problème de la *deixis,* qui est d'ailleurs le nom qu'attribuent les grammaires classiques à l'énonciation. Analyses d'autant délicates que deux types de phénomènes se trouvent ici concernés : « Les uns appartiennent à la syntaxe de la langue, les autres sont caractéristiques ce que nous appellerons les « instances de discours », c'est-à-dire les actes discrets et chaque fois uniques par lesquels la langue est actualisée en parole par un locuteur.[9] »

Il importe donc de distinguer ce qu'on appellera la *deixis* indicielle de la *deixis* anaphorique ou encore ce qui va relever du syntaxique en regard du pragmatique. Enfin, l'étude des présuppositions, reprenant les observations de Frege ou de Strawson, s'est révélée féconde pour les développements d'une sémantique renouvelée. On peut ainsi méthodologiquement séparer dans une phrase le posé du présupposé, autrement dit : ce qui est déclaré explicitement de ce qui est sous-entendu ou que le contexte implique. On pourrait objecter que l'analyse des présuppositions, bien qu'utile à la compréhension des conditions d'énonciation, n'est guère pertinente à la spécification même de celles-ci. Elle est cependant indispensable si nous voulons détecter les éléments préalables à tout acte de langage et comme telle, appartient bien à la problématique générale des phénomènes énonciatifs : « En rejetant les présupposés de mon interlocuteur, je disqualifie non seulement l'énoncé lui-même, mais l'acte d'énonciation dont il procède.[10] »

En résumé de ce parcours rapide, la linguistique moderne a connu, peut-on dire, deux bouleversements considérables. Les

[9] Benveniste, E. (1970), *op.cit.*
[10] Ducrot, O. (1980), *Les mots du discours*, Paris : Minuit.

analyses de discours se sont d'abord, multipliées, contribuant à accorder à l'interaction verbale un primat que nul n'ignore aujourd'hui : « La véritable substance de la langue n'est pas constituée par un système abstrait de formes linguistiques, ni par l'énonciation isolée, ni par l'acte psychophysiologique de sa production, mais par le phénomène social de l'interaction verbale réalisée à travers l'énonciation. L'interaction verbale constitue ainsi la réalité fondamentale de la langue.[11] » Conjointement, les analyses de discours ne pouvaient que découvrir soit de nouveaux « objets » soit de nouvelles procédures du découpage et de la combinatoire des éléments discursifs. Les sociologies classiques du langage se voient de la sorte, renvoyées à leur propre naïveté, en même temps que le « phénomène discours » retrouve une prééminence que seuls les grands rhétoriqueurs jadis avaient osé lui accorder.

Simultanément, et probablement en raison de cela, les problèmes d'énonciation continuent d'occuper une place majeure dans les études de linguistique. Et sous ces différents aspects à la fois formels et pragmatiques : d'abord, l'énonciation considérée comme « mise en fonctionnement de la langue par un acte individuel d'utilisation » ; ensuite les questions de « conversion de la langue en discours », individuel ou collectif, avec leur incidence quant à la révision des théories du sens ; enfin, la révision dès lors, d'un certain nombre d'*a priori* sur le jeu des marques lexicales et leurs statuts respectifs.

La question méthodologique essentielle est alors celle de savoir si, au travers de ces variations que constituent les multiples énonciations possibles ou la combinatoire des discours d'une société à un moment, on pourra de là, dégager un certain nombre d'invariants, de *repères de formes* qui favoriseront autant la reconnaissance de « ce qui se dit » que l'analyse de « ce qui s'est dit ». Vieille préoccupation de la recherche du régulier dans la variation, qui fonde effectivement toute démarche scientifique :

---

[11] Bakhtin, M.M. (1970), *op. cit.*

> « L'invariance dans la variation : c'est là le thème dominant, mais aussi l'outil méthodologique sous-jacent, de mes travaux. [...]. Le temps et l'espace sont d'ordinaire considérés comme des facteurs extérieurs en relation avec le langage ; ils en sont en fait de véritables constituants internes. Dans le code des locuteurs et auditeurs, tout changement en cours est présent simultanément dans ses formes initiale et finale, [...]. Le code verbal est également convertible en ce qui concerne le facteur de l'espace. Il contient un ensemble de variables permettant divers degrés d'adaptation à des interlocuteurs situés à des positions sociales ou dialectales plus ou moins éloignées.[12] »

S'agissant donc de construire une théorisation des phénomènes d'énonciation, et cela, « à distance » de la langue dans toutes ses variations, il faut bien se placer dans une attitude *meta* (au-dessus de) et par conséquent, « se donner une théorie des observables pour réduire l'hétérogénéité du domaine. [13] » Cela revient à tenter de constituer : « [...] un ensemble cohérent d'hypothèses auquel on associe un système métalinguistique. [...]. On voit donc que l'on part des observables pour revenir, par l'indispensable détour de la représentation, explicite et univoque, aux données observables.[14] »

On objectera qu'une telle démarche répond toujours à quelque parti pris initial dans la considération des choses, s'agissant du langage et de la « fluidité » de ses développements ou de ses évolutions, mais en va-t-il autrement dans d'autres domaines supposés plus stables tels ceux de la physique du monde ? Faire l'hypothèse de situations structurellement stables, c'est supposer que les événements vont se dérouler toujours de la même manière. Avoir confiance dans la répétition des phénomènes, même en science, comme l'a fait remarquer le mathématicien René Thom, ce n'est souvent qu'une « position naturelle de l'esprit »,

[12] Jakobson, R. (1984), *Une vie dans le langage*, Paris : Minuit.
[13] Culioli, A. (1976), *op. cit.*
[14] *Ibid.*

le plus souvent impossible à démontrer[15], mais cela ne réduit en rien la portée ou l'utilité des modèles ; cela ne fait qu'en montrer les limites et l'obligation de les perfectionner ; réciproquement cela témoigne encore de cette nécessité continue de se construire des procédures d'abstraction, révisables bien sûr, mais permettant d'intégrer au mieux les phénomènes[16].

[15] Thom, R. (1983), *Paraboles et catastrophes,* Paris : Flammarion.
[16] Culioli, A. (1976), *op. cit.*

Une théorie de l'énonciation, Antoine Culioli

Ainsi la démarche d'Antoine Culioli, rassemblée dans un grand nombre d'articles et d'ouvrages parus ces quarante dernières années, et visant à construire ce qu'il nomme une *théorie des opérations énonciatives*, demeure fidèle à certains « principes-origines », formulant très tôt une position particulière vis-à-vis du rapport langue-langage et des obligations du linguiste :

> « Il est permis [...] de poser, en étayant la thèse sur des arguments théoriques, qu'il existe à un niveau très profond (vraisemblablement prélexical) une grammaire des relations primitives où la distinction entre syntaxe et sémantique n'a aucun sens. On aura ensuite un filtre lexical, avec un certain nombre de règles et syntaxiques et sémantiques, y compris la modulation rhétorique (métaphores, glissements de sens), qui ne saurait être ramenée à la syntaxe. Nous sommes ici, en effet, dans le continu, et non dans le discontinu, et aucune représentation de type syntaxique (contraintes distributionnelles sur la co-occurrence ; ordre partiel) ne suffit pas à rendre compte du langage poétique par exemple, à moins que l'on ait recours au piètre argument de la déviance et de l'anomalie qui, de toute façon, ne règle rien.[17] »

Pour commenter cette citation un peu longue, mais qui me semble placer pertinemment les problèmes de représentation du langage, je dirais d'abord qu'il y a là, d'emblée, la remise en cause de la dichotomie entre « langue » et « parole », la première conçue comme cadre nécessaire, la seconde symbolisant une liberté du locuteur qui échapperait au cadre de la langue. En vérité, ce qui importe c'est de reconnaître que dans les deux cas — qu'il

[17] Culioli, A. (1976), *op.cit.*

s'agisse de la norme au sens de référence abstraite, ou de nos « libertés » langagières —, nous sommes en présence de *niveaux de fonctionnement* du langage, toujours déterminés par des compétences, des circonstances et des finalités. Ces fonctionnements du langage supposent la présence de règles, ne serait-ce que pour « orienter » nos discours, voire les faire effectivement « fonctionner ».

Choisir alors comme méthode de partir d'un niveau qui serait « le plus profond », et baptisé celui des *relations primitives*, pour remonter ensuite vers la surface, cela signifie construire par ce cheminement, des *règles* d'engendrement du syntactico-sémantique et se situer donc dans la perspective d'une *grammaire de production* et non de simple *reconnaissance* des agencements du langage. Si la situation est alors celle d'un « calcul », cela veut dire qu'une première nécessité revient à se donner un cadre initial souple et général, tel qu'il puisse attester des différents étages de la représentation de ces opérations du langage depuis une forme initiale jusqu'à la surface, autrement dit :

1) les *relations primitives,*
2) les *types de catégorisations morphologiques* de ces relations,
3) les *fonctions syntaxiques* établies par là, et les *relations sémantiques* rendues possibles ainsi.

En conséquence, il faudra toujours savoir distinguer entre *opérateurs* et *méta-opérateurs,* entre « schéma initial » et énoncés. En aucun cas, il ne s'agit de « réduire » le langage ; l'objectif au contraire, est de construire une métalangue favorisant la reconnaissance des règles et processus inhérents à toute production de langage. Est-ce une théorie au sens formel du terme ? Je répondrai qu'il s'agit là d'une théorie « pré-formalisée » au sens qu'elle choisit de partir d'un certain nombre de postulats sur les relations fondamentales qu'opère le langage dans nos expressions. De ce fait, demeure à échafauder une typologie de ces passages graduels entre « relations profondes » ou « invariants » et les unités de surface telles que chacun les reconnaît ou les comprend.

On peut toujours objecter de la contradiction inhérente à une telle démarche : on part d'observations d'agencements de surfaces (des phrases) pour les rattacher à un schéma primitif de constitution (les relations primitives) et réciproquement, à partir de ce schéma que l'on infère, on revient vers la surface pour dériver une ou des familles de paraphrases (d'énoncés). Il n'y a guère d'autre réponse à cette objection que celle d'admettre que cette dialectique est inhérente à l'activité langagière elle-même : d'une part, cette activité est faite en permanence, de labilité et de stabilité ; d'autre part, il faut bien supposer que *cette activité langagière ne peut prendre source que dans des opérations, des schémas d'engendrement, eux-mêmes généraux voire universels.*

« Dire » ou « énoncer », c'est toujours construire selon une certaine « forme », mais en même temps, c'est encourir le risque d'interprétations multiples voire de malentendus. « Il y a toujours prolifération du langage sur lui-même ; nous avons toujours un jeu de formes et un jeu de significations.[18] » Ce « heurt » entre des formes qui vont jouer de leur assemblage et des significations que cet assemblage favorise, c'est cela « la communication » qu'on définira donc comme *ajustement* permanent entre deux systèmes : celui des *repérages* fondés sur des placements de formes (on « reconnaît du langage ») et celui des potentialités sémantiques issues de ces placements et des *faisceaux de repérages* qu'ils suscitent (on « interprète » des classes de significations, des « champs du sens »).

L'énonciation et « le système » du langage

Dès lors, rien n'est possible effectivement sans un double et premier repérage : celui des énonciateurs (qui parle et à qui ?) et celui des relations posées de l'un à l'autre (qu'est ce qui est dit et

[18] Culioli, A. (1973), *Sur quelques contradictions en linguistique*, in « Communications », No. 20, p. 83-91.

sous quelle forme ?). Le langage est un système, mais c'est un système nécessairement ouvert, ce qui lui permet de travailler en permanence de cet ajustement entre énonciateurs, entre idées, entre connaissances et les expressions qui en font *repères*. On peut se borner à une *linguistique des états* et décrire les constructions ainsi recueillies par classes ou familles, mais seule une *linguistique des opérations* permet de travailler sur ce qui fait passage d'un état à un autre et comment, de la sorte, il est possible au langage d'être « cette incessante mise en relation (prédication, énonciation), grâce à quoi des énonciateurs, en tissant un jeu structuré de références, produisent un surplus d'énoncés et repèrent une pluralité de significations.[19] »

À l'origine, il y a donc bien des « formes », mais elles ne sont là que pour favoriser des combinatoires multiples du placement des signes les uns par rapport aux autres. En raison de cette prolifération même, elles ne peuvent être que des « places » offertes selon un *schéma de départ,* minimal et commun, explicatif du grand nombre de ces mises en relations qui fondent constamment notre activité langagière.

La « lexis »

Ce schéma primitif de la mise en relation, Culioli l'a nommé *lexis*. Le terme évoque le fameux *lekton* des Stoïciens. Ceux-ci — on l'a vu — distinguaient le signifiant qui est une réalité corporelle comme l'objet auquel il se réfère, du signifié *(lekton)* qui est ce que nous saisissons et ce que l'étranger ne saisit pas, alors que l'un et l'autre cependant, nous entendons le même son articulé. La théorie des signifiants a fait des Stoïciens, sans doute, les fondateurs de la grammaire occidentale. Ils ont, les premiers, distingué les parties du discours (catégories syntaxiques) et les flexions morphologiques. De même qu'ils ont instauré l'analyse du temps des verbes selon ses modes et ses aspects, en même temps que les

[19] Culioli, A. (1973), *op. cit.*

différents cas de la déclinaison.

Mais leur théorie des signifiés, celle du *lekton,* est encore plus novatrice. Elle débute par une étude des « signifiés incomplets », sujet et prédicat, dont l'union formera ultérieurement un « signifié complet », lequel sera exprimé dans une phrase. Lorsque ce « signifié complet » est assertorique, c'est-à-dire susceptible d'être vrai ou faux (à la différence des ordres, des questions ou des prières), alors, précisent-ils, on est en présence d'une proposition *(axioma)* et cette proposition a nécessairement pour sujet, un individu que l'on peut désigner soit de façon définie (celui-ci), soit de façon indéfinie (quelqu'un), soit de façon intermédiaire (« Socrate »). Enfin et surtout : la proposition « n'exprime » pas l'appartenance du prédicat à une substance ou l'inclusion du sujet dans une classe, mais toujours, une action ou un événement (« Socrate dit » ; « il fait sombre »).

Cela, chez les Stoïciens, s'explique du fait de leur intuition remarquable des phénomènes de langage, intuition développée dans leur théorie des *exprimables.* Ces « exprimables » du langage ne peuvent être, précisent-ils, que des *incorporels,* construits donc, non par « contact » avec les objets sensibles, mais par la pensée elle-même, qui reconstruit en les assemblant ou en les diminuant ces objets sensibles qui lui sont donnés ou qu'elle découvre. *C'est la raison qui les choisit ou les rapproche. On a donc toujours représentation à propos des objets et non par eux-mêmes. Le rôle premier des exprimables est d'indiquer les attributs des corps.* En vérité, précisent encore les Stoïciens, attributs « logiques » donnés par la raison, et attributs « réels » coïncident puisqu'on ne peut distinguer ce qui existe physiquement de ce qui existe dans la pensée. Seul compte en définitive l'exprimable qui va fixer ces attributs, non pas sous forme d'épithètes indiquant des propriétés, mais bien par des verbes indiquant des actes[20].

[20] Bréhier, E. (1982), *La théorie des incorporels dans l'ancien stoïcisme*, Paris : Vrin.

Ainsi, pour revenir à l'idée de *lexis,* on peut la justifier en constatant d'évidence, que tout acte de langage procède initialement d'une « mise en forme » qui va assurer des relations entre des « choses » et donner « attribut » à ces choses, en les mettant « en acte ». Cette « mise en forme » n'est possible que si l'on imagine effectivement une sorte de *schéma primitif* assurant cette opportunité permanente des mises en place dans l'exprimable, avant même qu'il y ait réalisation au travers d'une proposition.

Ce schéma primitif, Culioli lui assigne trois places : celle du prédicat et celles de deux arguments. On pourrait objecter qu'un tel schéma ne ferait que reproduire la structure classique sujet-verbe-complément. Il n'en est rien : la formule vise à rendre compte de ce fait qu'il y a toujours au départ, établissement d'une relation ***R*** qu'on peut abstractiser sous la forme d'un triplet <***x R y*** > où ***x*** est la source de ***R*** et ***y***, le but de ***R***. Cette relation primitive est toujours une relation d'*orientation* ; c'est ce qu'il importe de considérer. Il ne s'agit pas ici de proposer un quelconque « formalisme » visant à transcrire des agencements de surface, mais bien d'offrir un *schématisme initial,* suffisamment général pour assurer la relation entre des schémas de fonctionnement syntaxique et les effets sémantiques liés à ces fonctionnements. C'est cette préoccupation des « effets sémantiques » qui est à l'origine du choix de ce schéma de lexis, d'où l'importance de la notion d'*orientation* qui lui est inhérente. Cette orientation primitive (de la source vers le but) va bien sûr dépendre des propriétés de ***x, y*** et ***R*** (animé ou inanimé ; déterminé ou indéterminé ; unique ou multiple ; intérieur ou extérieur ; processus ou état) ou de modulations rhétoriques dépendant de la situation d'énonciation, des présupposés des énonciateurs[21].

[21] Culioli, A. (1973), *op. cit.*

Lexis et relation primitive

C’est à partir de ce schéma primitif de relation qu’on pourra construire ce qui aura statut d’« énoncé primaire » (à distinguer de la « phrase ») où l’on aura effectivement un terme de départ et un terme d’arrivée. Le terme de départ sera toujours sélectionné grâce à un opérateur. Cet opérateur est un *méta-opérateur.* En raison même de la préoccupation déjà évoquée, de pouvoir rendre compte des effets sémantiques, il est porteur de deux valeurs « formelles », qui vont exercer le rôle de relateurs : *l’identité* qui a les propriétés de « = » et la *différence* (« ≠ »). De plus, à cet opérateur @, on pourra associer un opérateur dual qui sera noté @> ou <@, tel que :

> x @> y si @> est l’identité, et y<@x si >@ est la différence.

Cela signifie que l’on pourra de la sorte d’une part, rendre compte de raisonnements fondés sur les mêmes types d’opérations, mais se présentant avec des conclusions différentes, et d’autre part, marquer les jeux contrastés de l’*identification* et de la *localisation.*

Reprenons ces explications :

(1) Au niveau prélexical, on serait donc en présence d’un schéma de lexis, c’est-à-dire : un schéma « vide » à trois places, de la forme que Culioli note encore : $< j_0, j_1, \pi >$, et qui se lirait de la façon suivante : premier argument (ou point de départ de la relation), deuxième argument (ou point d’arrivée de la relation) et prédicat (la relation établie entre ces deux points). En conséquence, les relations que ces trois places vont entretenir entre elles, dans la lexis, vont être de trois types :

— j_0 @> j1 (qui indique la relation allant du point de départ à l’arrivée);

— j_0 <@ π (qui marque l’identité de propriété entre le premier argument et le prédicat de relation) ;

— j_1 @> π (qui signale l'identité voire la différence de propriété entre le second argument et le prédicat de relation).

(2) Ce schéma de lexis va fonctionner comme filtre lexical et ainsi, selon les « orientations » du propos, permettre au sujet énonciateur de sélectionner trois termes du lexique : **<R, x, y>** ; ce qu'on pourrait schématiser de la façon suivante : <mange/chat/souris>, si l'on voulait simplement indiquer qu'il s'agit là d'un niveau *meta,* préliminaire à la constitution de ce qui se donnera ensuite comme « énoncé ».

Considérons à titre d'exemple, la lexis : <Jean/meuble/fabriquer>. Selon ces trois types de liaisons précédentes, deux cas peuvent être générés en surface, au moment de l'énonciation : (a) Jean est en train de fabriquer des meubles ; (b) Jean est fabricant de meubles ; ce qui marque bien la dualité de la relation « fabriquer ». De même, la lexis <Jean/viande/couper > dans laquelle le prédicat « couper » recouvre non seulement la relation entre un agent (Jean) et un objet (viande), mais aussi l'indication d'un instrument, car dans certaines langues, on aurait des expressions du type : <Jean/viande/couteau>.

(3) Ce filtre lexical va s'agencer selon une première opération d'assignation : *du fait même de l'orientation de la relation primitive, les propriétés affectées à chacun des termes de cette relation vont déterminer leur inscription dans ce schéma vide premier.* À partir de là, se construira effectivement une lexis selon tout un jeu d'interrogations initiales : « chat » est-il premier argument de « manger » ? Est-ce « souris » le second argument ? Quel type de procès affecter à « manger » ? Processus ? État ? Quelles contraintes cela implique-t-il quant au choix du premier argument ? Est-il agent ou non ? Est-ce « le chat qui mange la souris » ou « la souris qui a été mangée par le chat » ou encore « le chat qui est un mangeur de souris », selon l'orientation de ce qu'on veut marquer ? Une fois ces questions mises en place, on a l'établissement d'un pre-

mier type d'opérations de prédication au travers de la relation d'orientation établie entre les arguments j_0 et j_1. On a de la sorte une lexis : **<x, y , R>** , du type : <chat, souris, manger>.

(4) C'est alors que vont intervenir les opérations d'assertion, autrement dit : les modes de prise en charge par le sujet de ce qu'il énonce et qui entraînent un second type d'opérations de prédication, sous la forme d'une actualisation de certaines de ces relations internes à la lexis. Si l'on reprend l'exemple précédent, on aura ainsi soit que « le chat est un mangeur de souris » soit « qu'il a mangé une souris, mais accidentellement ». D'où à ce niveau, le jeu essentiel des marques de modalités, de temps et d'aspect.

(5) L'énoncé est maintenant constitué, mais sous forme élémentaire, de type *schéma syntaxique qui va placer les fonctions des unités les unes par rapport aux autres à travers le jeu des différentes marques* (temps des verbes, modalités, déterminants des substantifs, etc.). Ce schéma projeté dans le système des règles propres à une langue donnée, permettra cet assemblage séquentiel qui nous est donné en surface.

La *lexis* est donc *une « forme primitive », correspondant à ce qui pourrait être un « contenu de pensée indéterminé »* (ou encore à ce que Frege définit comme une « pensée avec sens, mais sans référent[22] », et dont on peut résumer les propriétés au nombre de trois : elle n'est pas encore ordonnée ; elle est préassertée et donc ne comporte pas de modalités puisqu'elle n'est pas encore marquée par une prise en charge du sujet énonciateur, autrement dit : elle n'est pas encore prédiquée. Cependant, dès l'origine, les trois places <j_0, j_1, π> vont avoir une « signification » les unes par rapport aux autres, du seul fait que π représente la place de la relation entre les places 0 et 1 et que cela va engendrer au moins trois types de couples de places significatives : (j_0 — π) ; (j_1 — π) ; (j_0 — j_1). C'est cette « pré-

[22] Frege, G. (1971), *Écrits logiques et philosophiques*, Paris : Seuil, coll., Points, Essais, Seuil.

signification » au sens relationnel, qui va assurer tous les engendrements de lexis.

Prédication et énonciation

Dès lors, l'étape suivante d'analyse impose de spécifier les moyens et les circonstances qui vont hiérarchiser ce schéma pour lui donner d'abord forme puis statut d'un énoncé, en indiquant l'élément autour duquel il va s'organiser et pour le placer ensuite en situation. Ce sont les étapes de la *prédication* et de l'*énonciation.*

La *prédication* signifie que le sujet énonciateur va, dans un premier temps, ordonner les termes de la lexis, décider donc quel terme en sera l'origine et affecter cet ordre d'une modalité d'assertion. Il établit ainsi une relation prédicative entre les termes. Dans un second temps, il va « situer » cette relation construite entre des termes, par rapport à la situation d'énonciation d'une part, et d'autre part, vis-à-vis de la pensée qu'il se fait ou que l'on prête à celui auquel il s'adresse. C'est la *relation énonciative.* Il faut pour attester de ces étapes, considérer, on l'a vu, la présence et l'intervention de méta-opérateurs tels que : la copule @ qui va marquer l'identité ou la différence ; S_o = le sujet énonciateur ; SIT = la situation d'énonciation ; E = « l'extraction » ; F = « le fléchage » ; P = « le parcours ». Il faut aussi souligner que toute énonciation va travailler sur des *notions* (telles que « chien », « cheval », « manger », « bon », etc.), qui sont inhérentes aux unités lexicales, constitutives d'une sorte de « mémoire » de la langue et de l'activité langagière.

En résumé :

(1) Il y a agencement de la lexis sous la forme à chaque fois, d'une relation prédicative qui va l'organiser à partir d'un terme de départ (ce qui va être thématisé ou privilégié) et ordonner en conséquence, les deux autres termes en regard de cette origine. C'est à partir de cette orientation, qu'on aura focalisation d'un terme par rapport à un autre et un certain type

de relation entre ces deux termes, sous la forme de tous les jeux entre l'actif et le passif, construisant des « agents » par rapport à des « agis », ou encore des relations déterminées en regard de certains acteurs ou de situations spécifiques :

- *Colomb a découvert l'Amérique ,*

- *L'Amérique a été découverte par Colomb,*

- *La découverte de l'Amérique a été faite par Colomb,*

- *Il a fallu attendre Colomb pour découvrir l'Amérique,*

- *En cherchant les Indes, Colomb a découvert l'Amérique.*

(2) L'orientation de la lexis peut prendre ainsi, au moins trois formes génériques :

a) celle d'une information ou d'un commentaire sur l'origine : « Pierre aime le whisky », autrement dit : « c'est Pierre qui aime le whisky » (information sur une propriété) ;

b) celle d'une précision relative au but de l'assertion : « Jean est grippé », donc : « ce que Jean a, c'est la grippe » (information sur un état ou une situation).

c) celle d'une insistance sur le prédicat de relation : « Jean chanta une chanson », c'est-à-dire : « ce que Jean fit à ce moment-là ou ce jour-là, c'est de se mettre à chanter » (constatation d'un événement).

(3) Les premières opérations établies sur ce « schéma de pensée » initial afin de l'orienter, vont se traduire alors, sous la forme de deux types d'effets sémantiques : la *localisation* et *l'identification.* De leur combinaison, on peut inférer ensuite *l'appartenance.*

La *localisation* s'opère du fait même du *choix d'un terme origine*, lequel va servir de premier repère pour la relation construite : « Le livre est sur la table » ; « Pierre boit son verre ». Ce qu'on va repérer, c'est que, dans un cas, il s'agit d'un « livre » et dans l'autre, d'un individu nommé « Pierre », lesquels vont entrer dans une certaine relation : « livre » et « Pierre » vont jouer le rôle de *centres organisateurs* de la lexis.

Quant à *l'identification,* elle découle directement de cette opération de localisation. Elle est à la fois, *un tri et ce qui confirme la stabilité de ce qui est localisé,* autrement dit : si on localise, cela signifie d'une part, la nécessité de trier parmi les objets envisagés ou envisageables et d'autre part, la possibilité même de pouvoir le faire. S'il s'agit d'un « livre », c'est qu'on a choisi de parler de cela et que cela répond à une certaine nécessité en même temps qu'il est possible de le désigner ou de l'évoquer. Il s'agit bien d'un « travail sur des références », lequel implique nécessairement une activité de *différenciation* :

> « Dans l'opération d'identification, vous pouvez dire « çà, c'est un vrai... », c'est-à-dire qu'il n'y aucune propriété qui pourrait vous tromper, çà a toutes les caractéristiques. [...], Vous avez toujours des propriétés référentielles qui, à la fois, sont stables sociologiquement et qui vont varier de personne à personne. Par exemple, un livre çà peut varier. Certains appelleront « livre » tout ce qui peut être imprimé. D'autres diront « çà, ça n'est pas un vrai livre, c'est une bande dessinée ». D'autres diront : « un livre, çà a au moins, deux cents pages. [...] » La différenciation : À un moment donné, vous posez que c'est « autre » qualitativement. Il y a altérité en quelque mesure que ce soit, faible ou maximale. Vous voyez déjà que nous avons la possibilité de construire, à l'intérieur de notre domaine, des zones.[23] »

Toute localisation revient ainsi à identifier et donc à extraire un objet parmi d'autres, une situation parmi d'autres situations et par là, à construire la référence à un certain *type* dans un domaine déterminé ; de ce fait, à établir une relation de différenciation

---

[23] Culioli, A. (1985), *Notes du Séminaire de DEA 1983-1984*, Paris : Université Paris 7..

fondée sur « l'altérité » : ce qu'il faut considérer par rapport à ce qui est « autre ». Pour reprendre la formule précédente, il s'agira à chaque fois, de marquer qu'on va construire une relation telle que la considération de « x » est bien justifiée ; ce que traduit le méta-opérateur (d'identification-différenciation) : <x R y @x>. Formule qui permettra de générer des « paquets d'énoncés » en forme paraphrastique.

(4) Les secondes opérations établies sur ce schéma prédicatif vont être celles qu'infère toute énonciation ; c'est *le passage de la relation prédicative à une relation énonciative,* caractéristique d'une situation déterminée. *Cette situation d'énonciation peut se définir par un ensemble de relations entre d'une part, le sujet de l'énoncé (S), tel qu'il est marqué dans cet énoncé, et le sujet énonciateur*

(S) et, d'autre part, le moment auquel réfère l'énoncé, c'est-à-dire (T) et le moment véritable de l'énonciation qu'on marquera (t). La lexis ainsi « réinscrite » en termes d'énonciation sera représentée selon la formule suivante : < x R y > @ Sit (*S*o/S, *t*o/ T).

Cette relation énonciative est fondamentale : elle assure le passage d'un schéma de lexis à un énoncé constitué tel que nous l'aurons en surface. C'est encore, à partir d'elle qu'on pourra analyser et construire des catégories essentielles de l'activité langagière telles que la modalité ou l'aspect. Deux types de validations vont s'opérer à ce stade énonciatif, afin d'assurer la référence :

(a) au niveau du prédicat et des arguments : dans le cas du prédicat, il s'agira bien sûr, des marques temporelles (présent/passé/futur) ; dans le cas des noms, cette validation de la référence va s'opérer le plus souvent, au moyen de l'article (le déterminant), qui « placera » le nom, d'une part, en fonction de sa relation au sein de la lexis (quel type de fait ou de notion est ainsi désigné et en regard de quels autres ?), d'autre part, en regard d'un « extérieur » assurant les possibilités de « vraisemblance » (dans quelles conditions de relations avec un prédicat et d'autres arguments, ce nom peut-il apparaître ? Est-ce bien une « réalité » ?). C'est au prix de ce double contrôle des places et des contraintes d'effets sémantiques associés à ces places que sera établie une certaine référence.

b) au niveau de l'ensemble de l'énoncé, cette validation de la référence va dépendre du point de vue de celui qui énonce (les finalités de son propos) par rapport à ce qu'il suppose être la pensée ou la position de son interlocuteur et en définitive, ce qu'il vise à construire au prix d'un certain nombre de significations antérieures, présentes ou possibles. Il s'avère ainsi que les constructions que toute énonciation opère sur un domaine du « réel » seront tributaires des types d'objets ou de propriétés qui seront retenus pour caractériser et authentifier ce domaine ou cette situation : toute énonciation est effectivement construction opérant constamment sur des *ajustements* de représentations ou d'effets sémantiques et pour ce faire, jouant de modalités et de repérages vis-à-vis d'un *centre organisateur.* Au centre de cette problématique de l'énonciation, il y a donc constamment nécessité de prendre en compte l'activité modalisante du sujet énonciateur.

Les modalités

On peut distinguer quatre types de modalités.

Les modalités 1 sont celles de l'assertion (affirmation ou négation), de l'interrogation et de l'emphase. La place de ces modalités d'assertion est primordiale, compte tenu de l'importance des phénomènes de thématisation au niveau prédicatif.

Les modalités 2 sont celles du nécessaire ou du possible, de l'éventuel ou du probable jusqu'au certain. Dans ces deux cas conjoints (1 et 2), cela signifie qu'une énonciation débouchera sur des jugements tantôt en forme universelle (il est nécessaire que) tantôt strictement localisés (il est possible ou probable que dans certaines circonstances…).

Les modalités 3 vont constituer la dimension « appréciative » centrée sur le sujet énonciateur. Par leur intermédiaire pourront se construire toutes les distances, les évaluations, les non-prises en charge par le sujet de tel ou tel type d'assertion voire réciproquement, des jugements auto-centrés (« moi, je pense que » ; « je ne dis pas personnellement que »).

Les modalités 4 enfin, seront celles marquant la relation inter-sujets : entre « Ego » et « Alter », entre l'énonciateur et un co-énonciateur. L'exemple classique est ici celui de l'injonction (« Fais attention ! » ; « Ne fais pas çà ! » ; « Prends garde ! »). Il faudrait ajouter à cette liste, un dernier type de modalités dont on sait l'importance en ce qui concerne les registres de discours, à savoir : celles de la citation, du style indirect, du discours rapporté ou des distances prises par l'énonciateur vis-à-vis de ce qui est raconté dans tous les cas de narration, de récit « réel » ou imaginaire.

La question fondamentale est alors celle des combinatoires selon lesquelles vont se composer ces modalités lors de tout acte d'énonciation aux fins d'une part, de construire une certaine représentation des choses, d'autre part d'établir à chaque fois, une relation inter-sujets, compte tenu de discours antérieurs ou à venir. Le premier type d'interrogation induit la prise en compte des rapports entre cognition et langage ; le second introduit à la problématique des situations familières d'argumentation. C'est donc, en premier lieu, la préoccupation de savoir sur quoi et comment vont s'appuyer nos activités de langage et, en second lieu, celle de déterminer quelles seront les marques d'opérations témoignant de *processus visant à l'ajustement entre sujets* sur des « représentations ». Le premier problème est celui de la *notion* et des *domaines notionnels* qui viennent à l'illustrer ; le second renvoie à tous les phénomènes d'aspect et de modulations énonciatives.

« Notion » et « domaine notionnel »

Ici s'impose un retour à la notion même de lexis. On a vu que chez les Stoïciens, elle est une sorte d'objet formel qui avec « le vide », « le temps », « le lieu », fait partie des *incorporels* en opposition aux *corporels* ou *somata* comme la voix. Le *lekton* pour eux, c'est quelque chose qui doit être transmissible : c'est le *dicible,* souvent mal traduit par *dictum.* Ce dicible doit bien correspondre à ce qui, dans toutes les langues, pourrait être une forme génératrice des mises en relations prédicatives. La tentation commune est d'associer immédiatement une « forme » à sa marque dans le lexique (verbes, marques de relation usuelles). Or ma volonté ici est de ne pas ramener « le langagier » au « linguistique » tel qu'il nous est donné en surface. Il faut donc supposer l'existence de « lieux hybrides » tels que la lexis et les méta-opérateurs associables à toute relation d'énonciation :

> « S_0 n'est pas un sujet énonciateur ni un concept d'énonciateur en chair et en os ; l'emploi du terme ne renvoie pas à des instants chronométrés. Ce sont des symboles, des repères-origines dans la construction d'un système de repérage. Ce sont des lieux hybrides. Les *notions,* de leur côté, sont des systèmes de représentation complexes de propriétés physico-culturelles, c'est-à-dire des propriétés d'objets issues de manipulations nécessairement prises à l'intérieur de cultures et, de ce point de vue, parler de notions c'est parler de problèmes qui sont du ressort de disciplines qui ne peuvent pas être ramenées uniquement à la linguistique.[24] »

Très vite, on s'aperçoit de l'extrême variation des propriétés manipulées selon telle ou telle circonstance énonciative. Ce qui peut distinguer alors sinon relier ces propriétés, c'est bien que les unes et les autres renvoient ou « s'accrochent » toujours, à des *domaines,* lesquels vont prendre de ce fait, le statut de *lieux* hy-

[24] Culioli, A. (1981), *Sur le concept de notion*, in « Bulletin de Linguistique appliquée », Besançon : Université de Besançon, No. 5, p. 62-79 ;
— *Pour une linguistique de l'énonciation. Domaine notionnel*, Paris : Ophrys, 1999.

brides effectivement, empruntant tantôt au culturel tantôt à l'opinion commune, mais de ce fait authentifiant les propriétés en question. *Abstractions qui se donnent comme entités (« la liberté », « la fraternité », le « salé », le « bio », etc.), ces domaines s'ancrent dans nos catégorisations des objets et des phénomènes du monde ;* en tant que tels, ils ont bien le statut de *domaines notionnels*.

Deux interrogations surgissent alors :

(1) Comment distinguer ces catégorisations « mentales », qui vont renvoyer à du physique ou de l'anthropologique, de ces classements que le langage ou la logique nous ont habitués à instaurer et à légitimer ?

(2) Comment évaluer les constructions de ces domaines notionnels au cours ou « au hasard » des modulations énonciatives ?

> La réponse à la première de ces interrogations, Culioli la donne de façon dialectique : « Se heurter au problème de la notion, c'est donc rencontrer d'un côté, les faisceaux de propriétés culturelles ou propriétés d'objets (d'organisation) et d'un autre côté, par le biais des marqueurs d'assertion « il y a » ; « c'est… que » ; etc.), de négation, d'interrogation, le problème de la construction d'un complémentaire. Et l'on retourne là au problème du prédicat, à savoir que dans tous les cas il s'agit de travailler à partir d'une relation prédicative non saturée (p, p') qui, seule, permet d'appréhender le domaine notionnel. Les propriétés qui régissent le domaine se tireront de diverses catégories. Étant donnée une catégorie notionnelle P, on distingue une propriété « p » selon le domaine :
>
> - sémantique : /être chien/, être liquide/, /lire/ ;
> - notion grammaticale : aspectualité, modalité ;
> - notion quantitative/qualitative : évaluation du degré

d'intensité ou « d'extensité » (achèvement)[25]. »

C'est dire qu'une *notion* ne pourra se définir que si elle renvoie à un domaine de sens et donc de référence et, qu'en même temps, elle ne sera opératoire dans l'activité langagière qu'en vue de légitimer des relations prédicatives visant à constituer ce domaine. C'est pourquoi, on ne peut séparer « domaine notionnel » et « classe d'occurrences », à la réserve que « domaine » ne doit pas être entendu — et c'est essentiel —, au sens de champ sémantique, mais bien, sous forme d'espace de significations tantôt « ouvert » tantôt « fermé » selon qu'on pourra le considérer comme stable et achevé ou à l'inverse, comme « lieu » de constructions sémantiques destinées à le compléter ou le transformer. En ce sens, il s'agit bien de quelque chose (« notion » au sens abstrait du terme) d'à la fois, virtuel et productif[26].

Toute occurrence de langage, référant à un domaine, est manipulation des représentations associées à ce domaine. Cela implique qu'il faut s'interroger sur les processus qui vont sous-tendre ces manipulations. Cette question introduit à une problématique non négligeable : celle de *devoir toujours distinguer entre occurrences linguistiques et occurrences phénoménales*. La façon dont ces dernières se construisent va dépendre à chaque fois des formes et modalités d'apprentissage (c'est comment nous rencontrons dès les débuts de notre existence, des objets souples ou rigides, malléables ou non malléables, qui se déchirent, se cassent, se mangent ou non, et qui entrent ou pas en composition avec d'autres objets), mais en même temps, ces modalités d'acquisition vont être pondérées diversement selon les cultures et les codes[27]. Ainsi, les notions d'*animé* ou d'*inanimé* peuvent s'avérer extrêmement variables d'une langue à l'autre.

---

[25] Culioli, A. (1978), *Valeurs modales et opérations énonciatives*, in « Modèles linguistiques », Lille : Presses Universitaires de Lille, Vol. I, No. 2, p. 39-59.

[26] Vignaux, G. (2003), *Du signe au virtuel*, Paris : Seuil.

[27] « Dans la langue du plus petit peuple européen, en islandais, écrit Milan Kundera, dans *Testaments trahis*, la famille se dit *fjölskylda* ; l'étymologie est éloquente : *skylda* veut dire : obligation ; *fjöl* veut dire multiple. La famille est donc une obligation multiple. » Nancy Huston, *Le Monde*, 29-30 mai 2011.

En conséquence, sur le plan des occurrences linguistiques, cette diversité va se trouver reproduite : est-ce qu'*un* chien sera la même chose que *le* chien ? Est-ce qu'*un* gâteau sera bien *le* gâteau ? Est-ce que c'est encore un gâteau que je mange à l'occasion, ou bien le gâteau que Pierre préfère voire qu'il a l'habitude de manger ou tout simplement le gâteau « du jour » (au restaurant) ? Des questions aussi élémentaires ne trouvent réponse que dans le renvoi direct à une situation d'énonciation ou indirectement, dans un récit, dans une conversation, aux énoncés qui précèdent et qui suivent, permettant alors la reconstitution de cette situation. Ainsi, la référence va s'interpréter et de fait, se construire de par les conditions qui ont fait énoncer ceci ou cela plutôt qu'autre chose et dans l'examen de cet entourage que constituent, en regard d'un énoncé, d'autres énoncés (le contexte interne d'un discours). *Il y aura ainsi toujours des marques de mises en relation permettant le repérage, et donc la compréhension de ce qui, à chaque fois, va constituer l'ajustement entre locuteurs ou énoncés successifs.*

Ces mises en relation sont bien le fait d'opérations énonciatives impliquant des jeux de modalités telles que précédemment définies ; elles traduisent aussi, à chaque fois, une *visée cognitive,* laquelle est inhérente à cette activité de langage : ce que chaque énonciateur opère, c'est de nous communiquer sa « vision des choses », celle d'une situation, d'un événement, d'un concept. Cette visée cognitive s'établit autant au niveau de l'ajustement entre énonciateurs, d'un propos ou d'un discours à l'autre, que dans la construction de représentations « inscrivant » des domaines sous la forme des « objets » concrets ou abstraits que ces domaines englobent ou qui les caractérisent. Et ici réside la réponse à la seconde interrogation précédente : la compréhension du travail énonciatif ne peut être dissociée des effets cognitifs à chaque fois impliqués.

D'où la nécessité de considérer que toute situation de langage revient à une sorte d'*enracinement de procédures linguistiques à l'intérieur de structurations cognitives,* c'est-à-dire d'actions sur nos représentations des connaissances, représentations toujours imbriquées de la sorte dans leur genèse, aux contraintes mêmes du fonctionnement langagier :

> « Il nous faut poser au cœur de l'activité de langage (qu'il s'agisse de représentation ou de régulation) *l'ajustement,* ce qui implique à la fois la stabilité et la déformabilité d'objets pris dans des relations dynamiques, la construction de domaines, d'espaces et de champs où les sujets auront le jeu nécessaire à leur activité d'énonciateurs-locuteurs.[28] »

Cette « manipulation » quotidienne des connaissances dans les faits de langage, on peut la résumer sous deux types de concepts issus de ce fait d'observation que les phénomènes linguistiques se constituent en « systèmes dynamiques ». Ces deux concepts sont ceux de *stabilité* et de *déformabilité*.

La « stabilité » est aisément compréhensible : il s'agit de ces régularités d'ajustement inter-locuteurs et inter-énoncés que l'on retrouve dans l'interaction langagière quotidienne et qui font que chacun « s'y retrouve », comprend, « communique » sans que pour autant, cette « stabilité » corresponde à une rigidité des modes de nos échanges.

La « déformabilité » signifie qu'au-delà de ces régularités apparentes voire codifiées de la communication, l'activité langagière va se fonder constamment sur des jeux de « déformation », autrement dit : des transformations incessantes de ces domaines de sens ou d'opinions, communément donnés comme stables. Ces transformations, pour agir, c'est-à-dire modifier des représentations, des conceptions ou des jugements, vont donc porter sur les « formes » mêmes de structuration de ces représentations : certaines propriétés resteront « stables », d'autres évolueront sous l'effet même des visées cognitives du langage (faire « changer d'idée », représenter « autrement »).

La question est alors celle de savoir à quel niveau tout cela va-t-

[28] Culioli, A. (1986), *Stabilité et déformabilité en linguistique*, in « Etudes de Lettres », Lausanne, p. 3-10.

il s'opérer ? On peut en distinguer trois : (1) le langage (où il s'agit de traiter des notions que celui-ci manipule et des opérations qui fondent ces manipulations) ; (2) les langues (que l'on décrira sous forme d'agencements de marqueurs) ; (3) le « métalinguistique ». En vérité, s'agissant de se construire un modèle rendant compte de la façon dont opèrent les jeux de langage, on se situe là, aussi bien aux niveaux 1 et 2 — si l'on suppose que ces marqueurs qu'on repère dans l'activité de langage sont « traces d'opérations » — qu'au niveau 3 puisqu'on se fabrique une représentation d'un système qui, tel le langage, est lui-même déjà système de représentation.

D'où la nécessité de construire des sortes de *schémas*, qui auront la double vertu de modéliser en partie les phénomènes et de décrire les transformations que subissent les processus langagiers. Telle est la difficulté d'une approche énonciative où il n'est guère possible de dissocier les phénomènes de langage observés du système qui les permet et des effets de sens encore, que cela suppose à chaque fois, en termes d'activités mentales utilisant ce système pour représenter « de la pensée », du « cognitif ».

Reprenons alors cette image de domaine notionnel : elle évoque naturellement l'idée de « contenu de pensée », d'une part rassemblant des objets de connaissance, et d'autre part, les mettant en relation pour effectivement représenter certaines relations entre eux, mais qui vont être celles qu'un énonciateur choisit à chaque fois de considérer : celles-ci parmi d'autres, celles-là plutôt que d'autres. En regard de la « réalité », cela implique bien qu'il y a *schéma :* des objets sont choisis, des propriétés leur sont affectées, mais jamais toutes celles qu'on pourrait imaginer leur attribuer et enfin, l'ensemble est composé, structuré, agencé. Le résultat, lorsqu'il sera énoncé, va donc se traduire selon une certaine composition de significations délimitées par rapport à d'autres d'une part — on pourra parler de *frontières* et par suite, d'un *intérieur* de ce domaine en regard d'un *extérieur* — et d'autre part, focalisées, orientées vers un certain point de vue cognitif, vers une sorte de « centre » du domaine qui serait le

« *haut degré* » de la notion, à chaque fois mis en valeur, structurant de ce fait, la relation ainsi construite.

Un exemple permettra d'illustrer ceci, exemple emprunté à cette activité langagière quotidienne qui s'exerce dans nos tribunaux de Grande Instance et qui fonde ce qu'on nomme : « l'exercice du judiciaire ». Parmi nombre de dossiers que j'ai eus par intérêt linguistique, à examiner, voici la « grosse » d'un jugement de divorce récent, exemplaire de nombre de cas similaires. Sur le droit éventuel de l'épouse au maintien dans les lieux, il y est déclaré :

> « Eu égard à l'intérêt familial, il convient d'attribuer ce droit à l'épouse, conformément à ses conclusions. » Un champ, celui de « l'intérêt familial » est ainsi introduit aux fins de la procédure : délimitation, espace réservé. « Champ », c'est aussi catégorie, c'est-à-dire ce qui, dans le discours, va fonctionner comme « légende de lecture » appliquée à un domaine d'objets, à un événement, à une situation. C'est donc une intégration définie en regard d'une « frontière » d'exclusion : l'autorisé par rapport au non-autorisé, le légitime par rapport à l'illégitime. Accepter cette légende de lecture, c'est donner son adhésion à une notion proposée, souscrire à son « existence ». Notion qui, dès lors, n'aura plus à justifier son origine, sa genèse, son statut et pourra ainsi fonctionner comme représentation, c'est-à-dire comme « lieu » (*topos* au sens aristotélicien) de l'explication, de la démonstration, de la conviction. « L'intérêt familial » n'a de la sorte nul besoin d'être explicité, justifié : notion suffisante et suffisamment « vide » pour être « comblée » selon la conjoncture d'images de comportements ou de responsabilités et pour être support, en conséquence, de catégories d'exercices, inscrite de ce fait, dans un lieu : l'appartement conjugal, le lieu des enfants lorsqu'il s'agit de trancher à qui en reviendra « la garde ». Encore faut-il montrer, imager qu'en opposition à certains comportements, ce lieu pour sa protection, impose « coupure » et exclusion de celui qui le menaçait ; cela aux fins de maintenir donc l'intégrité de cet espace. Une correspondance directe est ainsi établie entre espace approprié à la

stabilisation d'une notion (« l'intérêt familial ») et espace de rangement d'une catégorie comportementale (« être responsable »). En effet, la procédure ajoute : « ... Il résulte que X s'attardait dans les cafés, rentrait très tard en état d'ivresse, faisait des scènes de violence à sa femme qui le lendemain avait la lèvre fendue à la suite des coups reçus, ne travaillait pas. » Voici donc la notion d'« intérêt familial » étayée, mise en efficace par la catégorie négativement remplie d'une liste de comportements non attendus du « bon époux-bon père ». Catégorie du devoir faire eu égard aux responsabilités qu'impose « l'intérêt familial » et de ce fait, toujours illustrée d'actes et de comportements énumérables : rentrer régulièrement à son foyer, en assurer le calme, ne pas disputer son épouse, etc. Il est évident alors que la mention de quelques actes antagonistes de ces images comportementales du « bon époux » suffira à démontrer que cette catégorie du devoir faire est ici non remplie et que le danger est établi de l'irresponsabilité. L'époux est ici identifié comme « personnage » au prix de quelques caractéristiques : « rentrer tard/ ivresses/ scènes de violence/ coups et blessures ». Est justifié dès lors, le rejet, l'expulsion (divorce) de celui qui personnalise danger pour « l'intérêt familial »...[29] »

[29] Vignaux, G. (1980), *De la simplicité comme argument. Juges et procureurs,* in « Recherches », No. 40, 161-202.

Repérages, frontières, parcours

Nos activités langagières vont ainsi sans cesse porter sur la manipulation de références renvoyant à des domaines en même temps qu'elles viseront à « reconstruire » ces domaines sous forme de *schémas de représentation.* J'ai évoqué précédemment le couple « identification/ différenciation » : cela signifie que toute énonciation portant sur un « objet » va aussi bien servir à l'identifier qu'à le différencier sur le plan de ses propriétés vis-à-vis d'autres objets proches ou lointains. C'est ici qu'intervient le rapport dialectique, fondateur de toute activité de langage, entre « désigner » et « représenter » ou « montrer », entre « savoir désigner » et « savoir représenter ».

On sait que le jeune enfant saura très vite désigner des choses, des images et les nommer : dans la genèse du langage, ce développement premier des « déictiques », accompagnés d'un geste du doigt (« çà, ce, ces, c'est, moi ») est fondamental ; il permet à l'enfant d'apprendre à placer, à localiser les choses pour les identifier et par suite, les différencier. Ce n'est que bien plus tard, qu'il saura utiliser les moyens du langage afin de pouvoir désigner des choses absentes de son regard et situées « ailleurs » dans le temps et dans l'espace, qu'il saura en définitive comment les évoquer.

Alors, se fera le passage d'une pensée « egocentrique » uniquement fondée sur les activités immédiates à une pensée « préconceptuelle » qui signifie l'émergence de représentations cognitives où la simple *assimilation* va se transformer en *accommodation*, dès que l'enfant commencera à savoir réunir en classes des objets qui lui semblent proches ou identiques du point de vue de certaines de leurs propriétés. Enfin, plus tard, lorsque l'expérience l'aura convaincu d'une certaine stabilité de ces classes, on verra apparaître chez lui, la référence à des notions comme voiture, lion ou chat[30].

Ce processus, peut-on dire, se continue tout au long de la vie adulte. Ainsi, on entendra l'enfant dire « un chien » pour le distinguer d'« un chat », mais cela suppose que les notions « chien » et « chat » ont des propriétés perceptibles qui font qu'on peut aisément les identifier et donc les différencier et qu'en définitive, on pourra dire « le chien » ou « le chat » s'agissant du générique (du genre) de l'espèce en question. Cela signifie encore qu'à chaque fois, on va isoler des propriétés et, par *filtrage,* vont se construire des *schémas de représentation*. Ces schémas communs à nos connaissances feront qu'il y aura toujours possibilité d'évocation d'un ou des représentants d'une classe quelconque (celle du « chien » ou celle du « chat ») ; cela facilitant d'autant la communication. Toutes nos activités de représentation dans le langage fonctionnent ainsi, tirant parti à tout moment, de la référence des « classes » d'objets ou de phénomènes identifiables à un *type* censé représenter les propriétés essentielles des objets ou des phénomènes en question, de telle sorte qu'on puisse les ramener à ce « type », considéré comme *exemplaire.*

On pourra dire ainsi que tout domaine va s'instituer comme référence rassemblant des propriétés d'une classe d'objets ou de phénomènes en vue de schématiser quelque *genre* commun résumant la ou les propriétés essentielles de ces objets, de ces phénomènes, les ramenant de ce fait, à un « type », lequel s'instaure dans l'ordre du notionnel. *Penser et classer/penser pour classer* sont bien de la sorte les motivations fondamentales de l'activité de langage[31].

En vérité, il s'agit toujours d'une *abstraction* que l'on se donne pour énoncer, ou qui nous sera donnée, mais l'essentiel à retenir

---

[30] Piaget, J. (1959), *La formation du symbole chez l'enfant*, Neuchâtel : Delachaux & Niestlé.

[31] Vignaux, G. (1999), *Le démon du classement*, Paris : Seuil.

est qu'une telle abstraction est toujours le produit d'une imbrication étroite entre cognition et langage. Ce dernier, en tant que système fondateur de nos représentations, ne peut être en conséquence que révélateur de ces focalisations dans la construction de nos connaissances, au sens du « mouvement » à chaque fois, vers « quelque chose » qui abstraitement va « centrer » des connaissances pour les ordonner, les ranger sous un « type ». On peut ainsi ramener, on l'a vu, l'organisation de tout domaine au « mouvement » dans l'énoncé vers un « centre organisateur », proche du statut de « l'archétype » tant est commune cette propension à renvoyer nos connaissances à quelque chose de « premier », d'« essentiel ».

Parler de domaines notionnels et de centres organisateurs de ces domaines implique alors l'établissement de *frontières* de ces domaines, pour qu'à chaque fois, au moins cela soit clôturé, délimité, sans quoi tout effort d'organisation et de classement serait vain. C'est là tout le jeu des propriétés qu'à chaque fois, un sujet choisit d'énoncer pour authentifier « l'identité » d'un événement ou d'un être, par suite d'une situation, propriétés qu'il faut en conséquence différencier d'autres propriétés susceptibles de « décaler » vers d'autres domaines. Identifier, c'est donc bien nécessairement différencier et opposer. Toute identification de propriétés a son *complémentaire* en quelque sorte : ce sont les propriétés qu'en miroir, on pourra dire « autres ». La notion de « complémentaire » est empruntée à la topologie : le complémentaire d'un ensemble A, c'est ce qui n'est pas A, mais qui est « au bord » de A, à sa « frontière ». Toute énonciation va donc s'instaurer en regard des frontières de ce qu'elle n'est pas et construire en même temps ces frontières. Il y aura toujours, un « intérieur » par rapport à un « extérieur », l'un et l'autre étant complémentaires, mais pour construire cet « intérieur » qui fondera le domaine, il faut bien, comme on l'a déjà évoqué, ordonner un ensemble de propriétés à partir d'un *point repère* qui permettra effectivement de les mettre en relation. Ce « point repère » prend alors statut de « centre organisateur » dont on a vu qu'il joue le rôle, à chaque fois, d'une « idée abstraite de la chose considérée ».

L'important à considérer est que ces phénomènes de construction des domaines vont effectivement pouvoir se visualiser sous forme de « parcours dans les deux sens », l'un allant vers « l'intérieur » du domaine, l'autre vers son « extérieur » et que, dans la définition de ces domaines — on l'a vu —, tout va se jouer dans l'instauration de « stabilités » ou non au niveau des frontières :

> « La frontière est construite. Elle fait partie des conditions mêmes de la conception d'un intervalle. Vous allez avoir la possibilité d'avoir deux zones de telle manière que vous avez un certain état d'un côté, un autre état de l'autre. » [...] La frontière est le produit de la construction d'altérité. « [...] La frontière introduit alors une disjonction entre d'un côté *p* et de l'autre *non-p*[32] ».

Ce jeu énonciatif renvoyant chaque fois, à un domaine, mais toujours contraint d'en considérer d'autres, l'est pour des raisons évidentes : il s'agit constamment pour le langage de traiter de la complexité des phénomènes et d'en jouer en même temps[33]. Cela explique la nécessité de travailler à la fois sur des repères attestés lorsqu'il nous sont désignés par le langage et sur ces repères imaginaires ou fictifs que toute désignation elle-même introduit. D'où l'importance, pour mieux comprendre ces images de « parcours » et de « centre organisateur », d'une réflexion sur cette combinatoire de modalités et d'aspects qui vont assurer ces *opérations de détermination* qui feront qu'effectivement, le jeu énonciatif, à chaque fois, nous « fera prendre plutôt un chemin qu'un autre ».

---

[32] Culioli, A. (1985), *op. cit.*

[33]« Les frontières, c'est la préoccupation des Français les plus vulnérables. Les frontières, c'est ce qui protège les plus pauvres. Les privilégiés, eux, ne comptent pas sur l'État pour construire des frontières. Ils n'ont eu besoin de personne pour se les acheter. » Patrick Buisson, *Le Monde*, 14 mars 2012.

Opérations de détermination. Modalités. Aspects

Les opérations de détermination vont construire le parcours énonciatif. Cela, pour reprendre ce qui a été déjà dit, par un tout un jeu de « stabilités » posées en même temps que de « déformabilités » introduites vis-à-vis de stabilités antérieures ou adverses. Le langage « négocie » et toujours en regard de frontières de sens établies par les autres. C'est donc bien un travail sur des *repères* qui s'opère ici systématiquement, de par ce simple fait qu'il y a toujours visée cognitive, en conséquence : « parcours » de domaines au travers de chaque énonciation : système « en cascade » (Culioli, 1986, 1990), qui va partir d'une relation prédicative initiale. Cette cascade d'opérations de détermination va d'abord se traduire en termes d'opérations de quantification *(Qnt)* et d'opérations de qualification *(Qlt),* le plus souvent imbriquées entre elles, de par le simple jeu de ces marques usuelles : articles définis et indéfinis, adjectifs démonstratifs et possessifs. Chacun comprendra les différences évidentes qu'il y a à dire, selon les circonstances : « un chat » ou « des chats » ; « les chats » ou « des chats » ; « mon chat » ou « ce chat ». C'est là tout un travail qui s'opère sur l'extension et la qualification de chaque domaine, par ces emplois de déterminants. Il y a à chaque fois, à travers eux, parcours du domaine, sous les formes d'*extraction* et de *fléchage.*

Extraction, cela signifie que lorsqu'on dit : « un des enfants pleure » ou encore « des Français ont gagné », cela revient à extraire à partir d'une collection ou d'un ensemble considéré, un individu, une portion ou un élément de cet ensemble, de cette collection.

Fléchage, c'est lorsque cette opération d'extraction se fait encore plus précise : « le chat est un animal de compagnie » ou encore : « la télévision a bouleversé les mœurs ». *De facto,* on parcourt là un ensemble pour en dégager un élément soit particulier soit significatif soit « typique ». Cela est manifeste dans des expressions familières, telles : « une odeur de pourri », « un parfum de rose » où ce parcours d'une classe va directement renvoyer à une notion : « décomposition », « plaisir olfactif ». En même temps, ce parcours d'un « indice » à un « générique » induit immédiatement la qualification de la relation prédicative posée.

Bien sûr, on objectera que ces opérations impliquent à chaque fois, une prise en charge du sujet énonciateur vis-à-vis de ce qu'il énonce, à savoir qu'il lui faut bien se situer par rapport à une situation origine (trivialement : la découverte ou la constatation de l'odeur) pour énoncer et que ce qu'il énonce est validable, autrement dit : vérifiable. Ce repérage de la relation prédicative par rapport à une situation d'énonciation implique inévitablement l'introduction de modalités (« croire », « penser que », « est », « sera », « a été »), qui vont « négocier » cette validité d'une assertion en fonction d'autrui ou d'une situation. Ce qui signifie que toute relation énonciative inter-sujets va se retrouver centrée sur le sujet énonciateur, dans la mesure où il lui faut organiser son propos en fonction d'autrui. L'assertion — modalité de type 1 — est donc une forme première de modalisation du langage : c'est dans sa façon de dire, de prédiquer et dans ce ce qu'il prédiquera, qu'un sujet va se « révéler » en même temps qu'il livrera les indices suffisants à « indiquer » ceux auxquels il s'adresse et que par là, vont se trouver instaurées les modalités 4 jouant de la relation inter-sujets. Ces deux types de modalités seront donc, dès l'origine, étroitement imbriquées. Toute prédication induit de par sa prise en charge par un sujet énonciateur, un certain type de relation à autrui.

Cette relation modale, en dehors des formes caractéristiques d'injonctions déjà citées, est encore plus manifeste lorsqu'il s'agit de situations de coercition, de causation ou de désir exercé sur soi-même ou sur autrui, ou même lorsqu'il n'y a pas d'action directe envisagée sur autrui. C'est l'exemple que donnait Culioli : « Ton frère est sorti à cinq heures » peut signifier aussi bien : « Tu dois sortir à cinq heures » que : « Je vais faire sortir ton frère à cinq heures »[34]. Dès lors, il s'avère que l'interrogation va elle

[34] Culioli, A. (1985), *op. cit.*

aussi constituer une sorte de « mixte » des modalités 1 et 4 : « Est-ce que ton frère est sorti à cinq heures ? », cela peut conduire à : « Ton frère est bien sorti à cinq heures » et à : « Non, mon frère n'est pas sorti à cinq heures ». De même : « Sais-tu si » va marquer que l'on n'est pas en mesure de décider soi-même, alors si autrui est en mesure de…

Toutes ces modalités de type 4 (relation inter-sujets) impliquent donc une « distance » par rapport à ce qui est visé, quitte à ce que cette distance soit annulée par la réponse d'autrui. Il n'en va pas de même des modalités 2 et 3 (le nécessaire ou le possible ; l'appréciatif ou l'affectif). Tout d'abord, ce ne seront là que des valeurs parmi d'autres, ou encore : des points de vue « décrochés » par rapport sur le plan de l'assertion. Autrement dit : dans toutes ces circonstances, énoncer signifiera prendre distance, affirmer, mais pas vraiment, asserter dans l'approximation : « Je peux débarrasser la table » ; « Tu vois que » ; « C'est vrai que « ; « Il doit être revenu » ; etc. Tous ces exemples reviennent à construire à chaque fois, des *chemins* qui mènent à deux valeurs possibles, réduites à une seule dans le cas du « nécessaire ». Dans ce dernier cas, ce que l'assertion ajoute, c'est qu'il n'y a « pas d'autre chemin ».

En ce qui concerne maintenant les modalités appréciatives de type 3 — comme : « Il est bon que » ou « Il est étrange que » voire « Il est naturel que » — et s'agissant alors d'une appréciation qui va être porté sur le caractère « normal », « heureux » ou « malheureux », « bon », « déplaisant » ou « scandaleux » d'une situation, ces modalités vont se trouver reliées aux précédentes. Toute modalité appréciative contient d'emblée l'hypothèse d'une énonciation sur un possible ou un nécessaire qu'il dépend à autrui de réaliser ou non. En ce sens, le jeu des modalités est bien fondamental à la détermination de tout acte énonciatif : aussi bien porteur de « distances » que de « visées » hypothétiques ou inéluctables, travaillant sur les « décrochages » possibles vis-à-vis de domaines, construisant de la sorte des *chemins de représentation*, qui seront autant d'images de la réalité ou de l'idée qu'on s'en fait et donc des actions éventuelles à mener, des attitudes à adopter. *Tel est bien le but de l'activité de langage : déplacer les « choses » pour se les représenter autrement et agir ainsi.*

Encore faut-il considérer que ces jeux de la relation à autrui sur des « états de choses », sur des « pouvoirs » ou des « devoirs », s'ils visent à construire ou reconstruire des domaines de référence, puissent être modulés dans le temps et dans l'espace et tel est le rôle fondamental de ces ultimes opérations de détermination que sont les *opérations aspectuelles.* Celles-ci, en tant que marques modulant différentes valeurs possibles depuis le non-accompli jusqu'à l'accompli en passant par la valeur aoristique (passé composé en français) vont parachever la détermination d'une situation énonciative en l'organisant en regard de repères spatio-temporels, construisant une certaine valeur référentielle, laquelle situera la représentation visée par l'énoncé.

On voit de la sorte que le jeu des valeurs aspectuelles va d'un côté, se situer sur le plan de ce qui est construit, à savoir prédiqué dans l'énoncé, marquant ainsi des bornes, des frontières, et de l'autre, en quelque sorte, projeter cet espace construit sur un « axe » le repérant dans l'ordre du temporel (temps de l'énonciation, place ou distance du sujet par rapport à ce qu'il énonce, coordonnées fixant les temps et portée du processus).

L'idée de *frontières* se trouve ici concrétisée sous forme de « bornes », encadrant, à chaque fois, des processus de visée cognitive du langage. S'agissant donc de *repérages,* les modalités aspectuelles vont s'avérer essentielles au sujet énonciateur pour jouer de la temporalité des moments et des circonstances, aux fins tantôt de s'inscrire dans le temps même de son énonciation (le présent, le certain), tantôt de prendre distance ou de « décrocher » voire de marquer rupture vis-à-vis de moments ou de situations qu'il n'a pu que constater (le passé, l'accompli) ou qui relèvent de l'incertain sinon du probable (le non-accompli, l'éventuel, le futur). Ce faisant, tout processus énonciatif manifeste bien l'entreprise d'un sujet, agissant sur des « états de pensée » qu'il lui faut bien d'abord poser en relation prédicative initiale, mais pour l'opportunité d'affirmer ensuite, par tout ce jeu de repères stratégiques, la singularité de sa propre position quant à cette relation sur un « état des choses ».

En résumé : *L'approche des phénomènes linguistiques dans une perspective énonciative — au double sens de « la mise en fonctionnement de la langue » (Benveniste) et de cette « activité de construction des représentations » qu'est sans cesse le langage (Culioli) — a aujourd'hui bouleversé et de façon irréversible, les considérations classiques sur les faits de langue et de communication.*

Du côté des fonctionnements de la langue, il faut ainsi admettre que toute manifestation de langage implique la coprésence d'un sujet énonciateur et de son interlocuteur « en situation » et que cela va s'exprimer dans les marques mêmes de l'énoncé. Du côté de la construction des représentations, on ne pourra en rendre compte que si l'on admet la nécessité de modéliser à un niveau « abstrait » et donc métalinguistique la façon dont le système du langage est à même d'agencer des opérations qui vont fonder ces phénomènes de représentation.

C'est le sens de ma démarche, en écho des travaux d'Antoine Culioli, faisant donc l'hypothèse d'un schéma primitif (la *lexis*), organisant une relation prédicative initiale quasi « abstraite » et construisant progressivement, à partir de là, une systématisation des différents processus qui vont se combiner pour nous donner en surface ces « effets de sens » qui tantôt révéleront la présence de conditions énonciatives déterminées tantôt traduiront la visée stratégique d'un sujet énonciateur. À savoir, dans l'ordre :

(1) La *lexis :* schéma initial d'une relation prédicative fondée sur des « notions primitives » ;

(2) Les opérations de *localisation et d'identification et donc de différenciation* portant sur des situations ou des objets (physiques ou abstraits) ;

Schéma opératoire des opérations langagières et cognitives

Lexis : schéma primitif de la mise en relation prédicative :

Opérations de localisation et d'identification :

↓

Localisation-désignation
d'objets, d'êtres ou d'événements

Renvoi à des situations
à des « champs d'existence »
à des « entités du monde »

↓

Notions

Identification
sous forme d'attributionde propriétés
à ces objets ou êtres en situation

Prédication

↓

Focalisation
d'objets ou de propriétés « exemplaires »
de « classes » fondées sur des jeux
d'identification-différenciation:
« ce qui relève du propos et ce qui n'en
relève pas » , ce qui appartient et ce qui
n'appartient pas à l'objet, à l'être, à la
situation considérés.

Référenciation

Domaines notionnels

↓

Opérations de détermination

Construction de « légendes de lectures »
sous forme de stabilisations des prédications
et référenciations opérées : **repérage des frontières**
des domaines authentifiant ou validant le propos,
en regard à chaque fois, d'un « point-repère »,
d'un « type » validant la **catégorisation** ainsi construite.

Repérages

↓

Stabilisation des agencements de prédication
sous forme d'orientation autour de ce « point-repère », légitimant la catégorisation

Parcours

↓

Modulations
ainsi construites et par suite,
redonnant origine à une notion

Réactivation cognitive de notions

(3) La construction à chaque fois, d'un *domaine* à partir d'un centre organisateur permettant l'établissement de *frontières* et la définition ainsi, d'un « intérieur » par rapport à un « extérieur » ;

(4) Les opérations de *détermination* enfin, qui vont assurer le parcours de ce domaine et orienter cette relation intérieur/extérieur : quantification, qualification ; modalités, aspects.

Ce que résumera le schéma de la page précédente, tentative d'illustration de ce travail imbriqué du « langagier » aux constructions cognitives qu'il sous-tend ainsi quotidiennement :

Explicitation sous forme d'exemple :

• à partir d'un **schéma primitif de mise en relation :** <Lybie, attaques aériennes, situation>

• vont intervenir d'abord des **opérations de localisation et identification :** » Une deuxième vague d'attaques aériennes sur la Libye a été lancée par les pays engagés dans les opérations militaires contre le régime de Kadhafi. » (*Le Monde*, 21 mars 2011) :

- une deuxième vague
- Attaques aériennes
- pays engagés

• permettant des **opérations de focalisation :** » La guerre de Libye va-t-elle durer ? La question se posait déjà avec acuité, dimanche 20 mars, après deux jours de frappes, alors que le colonel Kadhafi promettait une « guerre longue » et que la coalition internationale mobilisée contre lui semblait encore chercher ses marques, sa composition exacte et les règles qui gouverneraient son action. » :

- durée de la guerre ?
- Khadafi : une guerre longue !

- Coalition internationale indécise

• de là découlent des **opérations de détermination :**

- **Lecture** : « Après l'affichage d'un tandem franco-britannique en faveur de frappes, des tiraillements se sont fait sentir entre Paris et Londres, à la veille du lancement de l'opération armée. Les Britanniques ont en effet insisté, comme les Américains, sur un rôle proéminent pour l'OTAN, dont la France avait déclaré qu'il serait « inapproprié ». »

- **Stabilisation** : « C'est donc pour l'instant une coalition de pays volontaires qui s'est mise en branle, avec des contours encore mal définis. L'entrée en jeu de pays arabes, essentiel sur le plan politique et symbolique, s'est fait attendre. L'Egypte a beaucoup déçu en refusant d'endosser un rôle. » :

- d'abord tandem franco-britannique
- puis rappel britannique du rôle de l'OTAN
- désaccord français
- coalition mal définie
- participation indécise des pays arabes

Cette détermination est déjà inscrite dans le titre de l'article : « Londres exclut de viser directement Kadhafi ! »

Figures du sens. Figures de la souveraineté

Ainsi donc, à l'espace réel d'une action militaire en cours vient se superposer un espace symbolique qui est celui du doute sur la réalité même de la coalition fondant cette action militaire. Et ce doute porte sur la question de savoir qui commande réellement cette action. On retrouve là le questionnement radical qu'opérait Benveniste lorsqu'il entreprenait de mettre au jour dans l'espace du pouvoir, la distribution de dénominations multiples de la puissance et du sens[35].

Ce qui est en jeu dans la circonstance prise comme exemple — à savoir la coalition des pays bombardant la Lybie —, c'est bien de savoir qui impulse cette coalition et donc s'affirme comme pouvoir œuvrant pour la démocratie ! Dans la société indo-européenne archaïque, comme l'expose Benveniste, c'est au *rex,* le personnage investi des plus hauts pouvoirs » qu'est dévolu le rôle d'instituant, fondateur : « Il trace en lignes droites les frontières [...]. Il délimite l'intérieur et l'extérieur, le royaume du sacré et le royaume du profane, le territoire national et le territoire étranger.[36] » Comme l'observe alors Marcel Gauchet :

> « L'institution de l'espace social, autrement dit, s'exerce dans la dimension de l'origine [...]. Jamais le social ne peut être produit comme espace réel : il n'est, comme espace symbolique, que pour autant qu'il n'est pas réel et c'est cette structure d'exclusion interne qui appelle le geste continué d'une institution du social. [...], car l'incapacité du roi fondateur à rejoindre le pur dehors du corps social est marquée dans son statut même. Il lui faut en effet, pour se maintenir, pour continuer d'être reconnu par les hommes comme pouvoir, légitimer sa position par rapport à une fondation première.[37] »

Ainsi, selon Benveniste, la relation du pouvoir à la société politique est tantôt sous le signe de l'*avoir* et tantôt sous le signe de l'*être* : « Le roi est tantôt le maître (du « peuple »), tantôt le représentant le plus immédiat.[38] » Son domaine recouvre autant le territoire (le pays) que ceux qui l'habitent (le peuple), le droit comme les faits, et c'est en ce sens que son pouvoir est plus que réel : il est définitivement symbolique puisqu'il englobe tout et

[35] Benveniste, E. (1961), *Le vocabulaire des institutions indo-européennes,* Paris : Minuit.
[36] *Op.cit,* Vol. II, p. 14.
[37] Gauchet, M. (1971), *Figures de la souveraineté,* in « Textures », Vol. 71, No. 2-3, p. 131-157.
[38] Gauchet, M. (1971), *op.cit,* II, p. 89.

qu'il est le tout. D'où l'importance des signes, à commencer par celui, suprême, qu'est le *trône* :

> « Les hommes ont le même arsenal symbolique, preuve de l'unité de l'humanité, souligne Jean-Jacques Aillagon, ex-président du Domaine de Versailles. Le trône, siège de l'autorité, est symbole de stabilité, de pondération, de justice, d'équité. Tandis que le pouvoir « debout » agresse, conquiert. [...] Peu importe que le trône soit sculpté dans la pierre ou le bois, qu'il soit coulé dans le bronze, ciselé et enrichi de pierres et métaux rares. Il est toujours placé en hauteur, muni d'un marchepied et d'un dais simulant la voûte céleste, la main divine. Le gradin isole et élève de la foule, rendant plus visible le titulaire de l'autorité, précise Jacques-Charles Gaffiot, commissaire de l'exposition. Le marchepied est le substitut de l'ennemi vaincu, sur lequel s'exerce, avec sérénité, le poids de l'autorité qui triomphe du Mal.[39] »

D'où encore cette fièvre à transformer le domaine réduit du réel en domaine transfiguré du pouvoir, fièvre qui agite en permanence nos gouvernants. Et pour ce faire, *l'incessant travail d'ajustement sur des repères, sur des frontières*[40].

Stabilisations et processus d'ajustement

Comment définir alors ces phénomènes d'ajustement et de flexibilité qui, en permanence, fondent notre activité langagière aussi bien dans nos échanges avec autrui que dans nos discours lorsque ceux-ci visent à s'ajuster, c'est-à-dire à être reçus par certaines communautés ou certains auditoires. Avant de l'aborder, je formulerai quelques rappels de ma démarche :

---

[39] « Partout le roi s'assoit, sûr de son pouvoir » (à propos de l'exposition « Trônes en majesté » au château de Versailles, *Le Monde*, 19 mars, 2011.

[40] « Sur la répartition des rôles dans ce que les journalistes américains ont commencé à appeler « la guerre de Sarkozy », M. Obama n'a pas donné de précision, mais il a clairement fait comprendre que les forces américaines interviendraient plus en soutien logistique qu'en premier rôle. » *Le Monde,* 21 mars 2011 (« Frappes imminentes en Lybie »).

- Je ne traite pas ici de langue au sens classique du grammairien, mais d'activité de langage, c'est-à-dire du langage mis en action.

- Cette activité de langage se fonde sur des *opérations énonciatives*, agissant donc sur l'agencement des énoncés.

- Ces opérations de langage sont nécessairement simples puisqu'à la portée de tous, enfants ou adultes. Il s'agit de la *thématisation* et de la *prédication* : on parle toujours de quelque chose, c'est le *thème,* et on en dit toujours quelque chose, c'est le *prédicat*. Autrement dit, chaque fois qu'on parle ou qu'on écrit, il y a un » objet » (concret ou abstrait, une situation, un domaine) dont on parle et on le spécifie en lui attribuant des propriétés censées le caractériser, le placer en situation ce qui revient à le *déterminer*, c'est-à-dire à attribuer à cet objet un certain statut et une certaine forme d'existence.

- Concrètement : <le livre est sur la table> : cela signifie que l'objet concret « livre » est *localisé* comme étant sur la table, il est *déterminé par son mode d'être* : au présent, actuellement.

- Abstraitement : <la république est généreuse> : l'objet abstrait « république » reçoit comme propriété de dispenser des bienfaits, cette situation est déterminée comme étant constante avec l'emploi du duratif, marqué dans le présent historique.

- En conséquence, on ne peut réduire l'activité de langage à un simple pointage sur des domaines déjà répertoriés, sur des lexiques, sur des références stabilisées à l'appui d'approximations sociologiques ou de dictionnaires.

Le langage en vérité, ne cesse d'agir sur ses propres référents. S'il y a ainsi constamment travail des énonciateurs sur ce qu'ils énoncent, cela implique encore que *les idées, les raisonnements « se travaillent » dans la matière même du langage et que les visées cognitives s'imbriquent ainsi aux opérations langagières.*

Dès lors, il y a bien au cœur de l'activité de langage, ce phénomène essentiel qu'est l'*ajustement* : tous nos discours traitent d'objets de pensée, pris dans des mises en relations dynamiques. Ces relations visent toutes à la construction de *domaines* et d'*espaces* où nous-mêmes tentons d'inscrire nos libertés d'énonciateurs.

Cette construction passe par un travail sur les formes langagières, jouant tantôt à instaurer des *stabilités* tantôt à composer à partir de ces *déformabilités* inhérentes au rapport entre langage et représentation, car tout cela va s'ancrer sur et à partir de *notions primitives* pour parfois se légitimer, le plus souvent pour se donner allure de cohérence. Notions primitives ? Je prendrai pour l'illustrer, cet exemple du logicien J.B. Grize : « Le lac est violet ». Nous avons là deux notions primitives, du moins parce qu'elles nous sont données comme « préconstruites », c'est-à-dire qu'elles existaient bien avant nous sans entrer dans les détails ultérieurs que travaillera le discours et qui feront que ce lac est peut-être celui de Neuchâtel en Suisse, et qu'il peut être violet certains soirs d'orage. L'essentiel, comme le montre J.B. Grize, c'est de considérer ce qui opère là, à savoir que la notion de « lac » exclut d'emblée celles de « montagnes » ou de « forêts », et que la notion de « violet » exclut à son tour toutes les autres couleurs envisageables.

Surtout ce que va pouvoir travailler cognitivement le discours, c'est que le lac en question peut être légèrement ou vraiment violet, et que l'on pourra parcourir ainsi tout un domaine de déterminations avec, au centre, une valeur peut-être « typique » — le violet —, en tout cas nécessairement *virtuelle* afin que nous puissions au gré des circonstances, orienter et moduler la représentation que viserons à construire. Ces labilités et flexibilités du langage font que *tout discours revient à un processus de schématisation,* construisant et reconstruisant des domaines de sens au moyen de *repères*, jouant donc de *frontières,* c'est-à-dire de l'intégration ou de l'exclusion d'objets de sens en regard de ces domaines. Travail sur des frontières symboliques, travail en conséquence sur des complétudes ou des incomplétudes, des exceptions ou des totalités. Pour l'analyste, il s'agit alors d'aller :

> - d'un niveau de représentation 1, celui des notions et des opérations qui les travaillent,
>
> - à un niveau 2, celui des agencements requis pour ce faire à chaque fois,
>
> - jusqu'à un niveau 3, dit *métalinguistique*, où il importera de modéliser d'un côté, comment un certain nombre d'invariants du repérage sont à l'œuvre de par la « matière » même du langage, et d'un autre côté, comment vont se spécifier au travers d'agencements, les stratégies du sujet faisant sens par le langage.

Travail délicat, et dans les deux sens, et qui n'est pas ce que d'aucuns croiraient, ceux-là voulant faire du linguiste je ne sais quel « gendarme grammatical » affecté à « la chasse aux expressions bien formées ».

D'ailleurs, même dans le corps de la Gendarmerie, les activités cynégétiques supposent flexibilité et ajustement sociocognitif. En témoigne cet article 124 du *Règlement de service.* Il y est stipulé d'abord que : « les commandants de brigade et gendarmes en permission régulière peuvent se livrer à l'exercice de la chasse, à condition d'être en tenue civile ». Autrement dit : construction du domaine et de sa frontière : on peut être en chasse à condition de ne pas être reconnu vestimentairement gendarme, mais toute frontière est labile, même et surtout dans le prescriptif, car le même article ajoute : « Toutefois dans l'intérêt du service, ils ne peuvent chasser dans leur brigade et des brigades limitrophes. » Voici donc un nouveau déplacement de la frontière par restriction des propriétés afférentes au domaine, mais ce n'est pas fini, car la troisième et dernière partie de l'article vient retravailler sur la spécification vestimentaire préliminaire, en précisant que

« l'interdiction de revêtir la tenue militaire ne s'applique pas aux officiers prenant part à des chasses ayant un caractère spécial comme des chasses officielles, à courre, etc. » Voici enfin la dernière exception de notre domaine. Je laisse les logiciens malicieux en inférer que tout chasseur peut être le gendarme d'à côté ou tout gendarme, le chasseur en puissance, et le lecteur s'interroger sur ces rapports langage-cognition, toujours plus complexes qu'on ne l'imagine.

Je ne crois pas, en conséquence, que le travail du linguiste doive se borner à cataloguer des « points de départ » et des « points d'arrêt ». Au contraire, il s'agit plutôt de s'efforcer à spécifier les différents types de processus qui vont dans des circonstances formellement délimitées, à chaque fois relier ces « points de départ » à ces « points d'arrivée » et réciproquement.

En résumé, nos activités langagières vont sans cesse porter sur la manipulation de références renvoyant à des domaines en même temps qu'elles viseront continûment à reconstruire ces domaines sous forme de *schémas de représentation. Toute énonciation portant sur un « objet » va aussi bien servir à l'identifier qu'à le différencier sur le plan de ses propriétés vis-à-vis d'autres objets proches ou lointains.* C'est ici qu'intervient le rapport dialectique, fondateur de toute activité de langage, entre « désigner » et « représenter » ou « montrer », entre « savoir désigner » et « savoir représenter », c'est-à-dire « évoquer »[41].

---

[41] Cf chez Wittgenstein : « La conception du langage comme opération mentale d'association d'un signifié et son signifiant à un objet, souvent exprimée de manière ostensive (« ceci est un X »), ne serait pas tant fausse que surtout inutile. D'après Wittgenstein, il est impossible de déterminer une définition d'un mot qui satisfasse à l'ensemble de ses emplois. Dès lors, plutôt que de penser le langage comme une description non problématique du monde, Wittgenstein va, au fil des remarques suivantes, proposer de penser le sens des mots comme déterminés par leurs usages, toujours différents et dépendant de règles sociales données par le contexte d'énonciation. Il interroge en effet : « Que désignent donc les mots de ce langage ? — Comment ce qu'ils désignent peut-il se montrer, si ce n'est dans le type d'emploi qu'ils ont ? » (Wittgenstein, *Recherches philosophiques,* Gallimard, 2004 : 32 §10). Le choix d'un mot, donc son sens, serait en définitive donné à chaque fois par un jeu de

On sait que le jeune enfant saura très vite désigner des choses, des images et les nommer. Dans la genèse du langage, ce développement premier des « *déictiques* », accompagnés d'un geste du doigt (« çà, ce, ces, c'est, moi ») est fondamental ; il permet à l'enfant d'apprendre à « placer », à localiser les choses pour les identifier et par suite, les différencier. Ce n'est que bien plus tard, qu'il saura utiliser les moyens du langage afin de pouvoir désigner des choses absentes de son regard et situées « ailleurs » dans le temps et dans l'espace, qu'il saura en définitive comment les évoquer. Alors, se fera le passage d'une pensée « égocentrique » uniquement fondée sur les activités immédiates où l'on assimile de proche en proche, à une pensée « préconceptuelle » où la simple « assimilation » va se transformer en « accommodation », dès que l'enfant commencera à savoir réunir en « classes » des objets qui lui semblent proches ou identiques du point de vue de certaines de leurs propriétés. Enfin, plus tard, lorsque l'expérience l'aura convaincu d'une certaine « stabilité » de ces classes, on verra apparaître chez lui, la référence à des notions comme « voiture », « lion » ou « chat »[42].

Ce processus se continue tout au long de la vie adulte. Ainsi, pour reprendre un exemple employé par Culioli[43], on entendra dire « un chien » pour le distinguer d'« un chat », mais cela suppose que les entités ou les notions « chien » et « chat » qui recouvrent l'une et l'autre classe de ces animaux, ont des propriétés

---

ressemblances avec son emploi dans des situations précédentes similaires, et non par une adéquation binaire aux différents critères de sa définition. » (Cf aussi : Stéphanie Baele, http ://www.dicopo.fr/spip.php ?article126).

[42] Piaget, Jean

— *Le jugement et le raisonnement chez l'enfant*, Neuchâtel : Delachaux et Niestlé, 1967.

— *La représentation du monde chez l'enfant*, Paris : P.U.F, 1972.

[43] Culioli, A. (1986), *Stabilité et déformabilité en linguistique*, *Études de Lettres*, Lausanne : Université de Lausanne, No. spécial « Langage et connaissances », p. 3-10 ;

— *Representation, Referential Processes and Regulation*, in « J. Montangero and A. Tryphon », eds, *Langage and Cognition,* Archives Jean Piaget, Cahier n° 10, Genève, 1989.

perceptibles qui font qu'on peut aisément les identifier et donc les différencier (en affirmant : « ce n'est pas la même chose ») et qu'en définitive, on pourra dire encore : « le chien » ou « le chat » s'agissant du générique (du genre) de l'espèce en question.

Cela signifie encore qu'à chaque fois, on va isoler des propriétés et de la sorte, par *filtrage,* se construire des *schémas de représentation.* Ces schémas communs à nos connaissances feront qu'il y aura toujours possibilité d'évocation d'un ou des représentants d'une classe quelconque (celle du « chien » ou celle du « chat »). Toutes nos activités de représentation *modulo* le langage fonctionnent ainsi, tirant parti de la référence à des classes d'objets ou de phénomènes identifiables à un *type* censé représenter les propriétés essentielles des objets ou des phénomènes en question, de telle sorte qu'on puisse les ramener — quelle que soit la variation — à ce type, considéré comme *exemplaire.* Les problèmes de construction ou de manipulation des domaines notionnels peuvent être dès lors, interprétés en regard de cette activité permanente de « typification ». Tout domaine va s'instituer ou être établi comme référence évoquant sinon rassemblant des propriétés d'une classe d'objets ou de phénomènes en vue de schématiser quelque *genre* commun résumant la ou les propriétés essentielles de ces objets, de ces phénomènes, les ramenant de ce fait, à un *type,* lequel s'instaure dans l'ordre du notionnel. « » Penser et classer/ penser pour classer » sont bien de la sorte les motivations fondamentales de l'activité de langage[44] ».

En vérité, concernant le *type*, il s'agit toujours d'une *abstraction* que l'on se donne pour énoncer, mais l'essentiel à retenir est qu'une telle abstraction est toujours le produit d'une imbrication étroite entre cognition et langage. Ce dernier, en tant que système fondateur de nos idées, ne peut être en conséquence que révélateur de ces focalisations dans la construction de nos connaissances, au sens du *mouvement* à chaque fois, vers « quelque chose », qui abstraitement va « centrer » des connaissances pour

[44] Vignaux, G. (1999), *op. cit.*

les ordonner, c'est-à-dire les ranger sous une étiquette, sous un type effectivement.

Parler de domaines notionnels et de centres organisateurs de ces domaines implique effectivement l'attribution de *frontières* à ces domaines, pour qu'à chaque fois, au moins cela soit clôturé, délimité sans quoi tout classement serait vain. C'est tout le jeu des propriétés qu'un sujet choisit d'énoncer pour authentifier « l'identité » d'une situation, d'un événement ou d'un être, et qu'il lui faut en conséquence différencier d'autres propriétés susceptibles de décaler vers d'autres domaines. Identifier, c'est donc nécessairement différencier et opposer. Toute identification de propriétés a son *complémentaire* en quelque sorte : ce sont les propriétés qu'en miroir, on pourra dire « autres ». La notion de complémentaire est empruntée à la théorie des ensembles : le complémentaire d'un ensemble A, c'est tout ce qui n'est pas A, qui lui est extérieur, mais qui est « au bord » de A, à sa « frontière »[45].

Toute énonciation va donc s'instaurer à partir des frontières de ce dont elle ne traite pas et construire en même temps ces frontières. Il y aura toujours, un « intérieur » par rapport à un « extérieur », l'un et l'autre étant complémentaires, mais pour construire cet « intérieur » qui fondera le domaine, il faut bien, comme on l'a évoqué, ordonner un ensemble de propriétés à partir d'un *point-repère* qui permettra effectivement de les mettre en relation. Ce point-repère prend alors statut de *centre organisateur* dont on a vu qu'il joue le rôle en quelque sorte, à chaque fois, d'une « idée abstraite de la chose considérée ». D'un côté donc, des propriétés seront regroupées pour être ramenées vers ce centre organisateur pour illustrer cette idée, cette notion — c'est l'opération primitive d'*identification* — ; d'un autre côté, ces propriétés convergeant vers un certain type de prédicat, une limitation viendra du fait même que le « glissement » de certaines

[45] En mathématiques, et plus particulièrement en théorie des ensembles, le complémentaire d'une partie X d'un ensemble E est constitué de tous les éléments de E n'appartenant pas à X.

conduira à illustrer un autre type d'objet ou de prédicat ; à cette limite, on sera en situation de *différenciation.* Cette limite peut être une coupure nette, séparant « ce qui est de » de « ce qui n'est pas de ». On voit ainsi que toute construction énonciative d'un domaine prendra la forme d'une sorte de *parcours* (au sens du tri, du filtrage entre propriétés qui conviennent ou non) et cela va s'opérer par le passage graduel d'une « zone » à l'autre, au travers de plusieurs « zonages » progressifs, les uns identifiant la notion considérée, les autres s'en approchant ou en marquant ses limites, son « basculement » vers autre chose, autrement dit : vers une *altérité* .

Ce travail permanent du discours sur la stabilité ou non de frontières visant, dans chaque cas, à délimiter vraiment un domaine aura pour conséquence qu'en regard des moments de ce parcours — à savoir des développements plus ou moins avancés d'une situation d'énonciation —, on pourra avoir, selon une comparaison linéaire, tantôt des frontières labiles, « ouvertes » à gauche ou à droite voire des deux côtés, tantôt, réciproquement, « un fermé » à gauche ou à droite ou des deux côtés. D'où l'idée de *gradient* empruntée ici à Culioli pour témoigner de ces progressions vers un « centre » fondant le domaine notionnel entre deux « frontières de basculement » : « ce qui n'est pas encore lui » et « ce qui n'est plus lui »[46].

Ce jeu énonciatif renvoyant chaque fois, à un domaine, mais toujours contraint d'en considérer d'autres, l'est pour des raisons pragmatiques évidentes : il s'agit constamment pour le langage de traiter de la complexité des phénomènes et d'en jouer en même temps. Cela explique la nécessité, déjà évoquée, de travailler à la fois sur des repères attestés lorsqu'ils nous sont désignés par le langage et sur ces repères imaginaires ou fictifs que toute énonciation elle-même introduit.

[46] Culioli, A. (1986), *op.cit.*

Je ne résisterai pas ici, à emprunter un ultime exemple aux relations entre les corps d'autorité et la couleur. Lors de sa séance du 17 février 1999, le Sénat abordait en discussion le livre IV du code de communes et notamment l'article L412-52. Je cite :

> « La carte professionnelle, la tenue, la signalisation des véhicules de service et les types d'équipement dont sont dotés les agents de police municipale font l'objet d'une identification commune à tous les services de police municipale et de nature à n'entraîner aucune confusion avec ceux utilisés par la police nationale et la gendarmerie nationale.[...] La tenue des agents de police municipale est de couleur bleu foncé. »

La frontière entre le local et le national s'identifierait donc par la couleur. Dans le débat qui suivit cette proposition de rédaction, M. Jacques Peyrat proposa l'amendement suivant :

> « Je souhaite, disait-il, que la tenue des policiers municipaux soit, sur le plan national, bleu foncé, cette couleur étant interprétée par l'ensemble de la population comme un signe d'ordre. Ainsi, les sapeurs-pompiers, les douaniers, les membres de la police nationale, les forces de gendarmerie, les chasseurs alpins revêtent tous une tenue bleue, les signes distinctifs étant pour les uns, la tarte, pour d'autres le képi, pour d'autres encore tel insigne. Ce qui permet au public de distinguer un chasseur alpin d'un agent des douanes peut être institué pour les policiers municipaux, sans que l'on touche à la couleur de la tenue qui devrait être bleu foncé. »

Le bleu l'emporte donc, assuré d'être emblématique du domaine commun des représentants de l'ordre, mais dans le débat qui, au Sénat, suit cette proposition d'amendement, M. Jean-Pierre Chevènement, alors ministre de l'Intérieur, intervient :

> « Est-ce à la loi, interroge-t-il, de définir la couleur des uniformes et encore plus la nuance ? [...] Je pense qu'il faut laisser cela au décret, après l'avis de la commission consultative. [...] Je suis d'accord, ajoute-t-il, pour qu'on aille vers une nuance de bleu. Le sénateur Marcel Charmant interroge alors : Dans le bleu roi ? Le président intervient : Personne n'a parlé de bleu roi. Et M. Jacques Peyrat déclare retirer son

> amendement, précisant : L'Azuréen que je suis est satisfait... Après tout, les frontières du bleu sont flexibles et son domaine large... »

C'est bien ce que souligne Mme Annie Mollard-Desfour, auteure du *Dictionnaire des mots et expressions de couleur*. On y découvre que le bleu, longtemps ignoré ou dévalorisé, n'acquit ses lettres de noblesse qu'à partir du XIIe siècle, pour des raisons symboliques grâce au culte de la Vierge Marie, traditionnellement vêtue d'un manteau d'azur (obtenu de la pierre azurite). La langue en a gardé trace et la nuance bleu (—) de roi, bleu (—) roi est encore très employée aujourd'hui. Valorisé et consensuel, le bleu est devenu la couleur des grandes institutions nationales et internationales (drapeaux du Conseil de l'Europe, de l'ONU), de certains corps de métiers (le bleu de la gendarmerie ou de la police), la couleur « distinction, mérite (cordon bleu, ruban bleu) ».

Ainsi, il faut à la fois une apparente stabilité (il y aurait du « bleu ») pour qu'autour de cela, se mettent en place des flexibilités tactiques et opportunes (le bleu foncé de l'autorité, le bleu-roi du roi, le bleu azur de la Vierge jusqu'au bleu consensuel des institutions). Ruses du langage, travail sur la référence, opérations du discours. Intrications du cognitif et du langagier.

La schématisation du discours

Une série de distinctions se donnant comme métathéoriques viennent aujourd'hui délimiter des champs devenus conventionnels : « communication », « communauté langagière », « identité », « contrat », « code ». Des découpages du sens social sont ainsi opérés, donnés comme familiers, parfois prétendus « naturels ». Non moins conventionnels alors deviennent les territoires limitrophes de ces champs : « marginalités », « déviances », etc. La question des rapports entre communauté sociale et manifestations langagières est ainsi constamment réinscrite dans des dichotomies traditionnelles. À chaque fois, les jeux de langage se voient assignés. Persécution du classement, comme si toute pragmatique du discours s'effaçait d'emblée dans des rhétoriques institutionnalisées : discours politique, discours technique, etc.

Les opérations de langage et de discours ne sont plus dans cette perspective, que des « mécaniques » supposées spécifiques, dès lors que sont connues les conditions de leurs engendrements. Et pourtant, il y a bien quelque chose de commun entre d'un côté, le langagier et de l'autre, le pensé, le premier s'assurant, semble-t-il, du second, sans être pour autant la simple expression de celui-là. On ne pourra déterminer cette interaction permanente sans expliciter les exigences avec lesquelles doit composer toute activité langagière pour sa production et sa compréhension : arguments du sujet, repères d'identité, types de « notions » et de situations référées ou construites, opérations discursives, actions cognitives.

Les jeux du langage, on l'a vu, oscillent constamment entre « désigner » et « montrer », classer et argumenter pour anticiper d'autres classements. Ces jeux fondent, à chaque situation d'énonciation, les modalités de l'exclusion ou de l'intégration dans des sens stabilisés, authentifiant ou non des « domaines ». D'un discours social à l'autre, il n'est donc question que de « catégorisations », les unes données comme domaines du « sens commun », les autres comme champs de pragmatiques d'action, d'expérience ou d'anticipation. Jeu effectivement rhétorique — au sens des « genres » de discours —, et qui va instaurer des rapports marqués entre individus ou communautés sociales sous la forme autant de conventions discursives que de créations langagières.

Du côté de la communauté sociale, il s'agira des règles — expressions, lexiques — assurant la reconnaissance et donc, les modalités d'inscription des discours dans des champs socioculturels déterminés. Du côté des conventions discursives, cela prendra forme de « blocages » du sens à l'intérieur de « styles » ou de « vocabulaires ». Du côté de la création langagière, il s'agira de ces productions que permet sans cesse le langage, en composition avec les régularités qui le fondent structurellement.

Il semble à première vue, difficile de composer ces points de vue et plus encore, de construire un modèle des circonstances stratégiques qui feront considérer plutôt tel aspect que tel autre. Resurgit sans cesse la tentation d'une opposition entre le syntaxique et le sémantique qui fait concevoir usuellement le premier comme condition de légitimité des constructions langagières et le second, comme empreinte dans le langage, des « images du monde ». On reproduit ce faisant, l'erreur taxinomique qui consiste à confondre sémantique et signifié. Commode, l'acte de désigner — la dénomination — demeure pour beaucoup, repère suffisant d'interprétation des phénomènes langagiers. L'illusion platonicienne qui fait établir liaison entre la « nature » des choses et le nom qu'elles reçoivent, demeure ainsi vivace. C'est oublier que les jeux du langage vont se fonder sans cesse sur l'établissement de distances entre signifiant et signifié, entre désigner et ce qui pourrait être désigné ou ce qui n'est pas désigné. Définir, ne pas définir : jeu ambigu essentiel. C'est oublier encore que toute représentation sémantique va s'établir et fonctionner de manière métaphorique aussi bien dans l'énonciation qu'en compréhension. Cela admis, on comprend mieux cette liberté du langage qui est de nous permettre, à chaque énonciation, d'évoquer, c'est-à-dire de construire ou de reconstruire des univers d'objets, des situations, des représentations effectivement — puisque ce terme de représentation signifie à la fois : « image, figure, signe, évocation » et « le fait même de représenter » (dictionnaire *Le Petit Robert*).

Les jeux universels du discours ne visent pas autre chose qu'à cerner certaines lectures de faits ou d'événements. De là, on peut dire que la fonction essentielle du langage est bien celle d'avancer continûment de nouvelles images visant à se constituer progressivement comme objets du monde, notions, catégories. D'où l'impression enfin que ces notions, ces catégories préexistent à tout ce que nous pouvons dire — comme des sortes de « notions primitives ». Il s'agirait là de l'effet d'une sorte de « mémoire » historique et culturelle comme déposée « archéologiquement » en nous, et que tous les discours dans lesquels nous sommes plongés s'efforcent de retravailler (retrouver ?). Cette « mémoire », incrustée dans les faits de langue, fait toute l'ambiguïté de nos perceptions du langage.

D'un côté en effet — celui du linguistique —, l'activité de langage sera perçue comme traduisant directement des états cognitifs ou spécifiant directement des « images de conscience » : c'est l'impact du désigner, du nommer.

D'un autre côté — celui des pragmatiques discursives et conceptuelles-, le langage sera perçu comme manifestant la combinatoire multiple d'activités sociocognitives toujours en mouvement (discours spécifiques, argumentaires, mises en scène diverses du social). « Conscience d'images » si l'on veut, dans le moment même où s'avère pour le sujet énonciateur l'opportunité de les jouer, d'en jouer. « Conscience » encore des relations stables ou non entre objets des discours, des distances entre ces objets et des jeux possibles alors, sur ces distances. C'est « le montrer »,

« l'imager ». *Jeux iconiques* donc sur des signes plus ou moins lisibles, sur des désignations labiles, sur des ambiguïtés d'usage voire des basculements entre « l'affirmer » ou « le nier ». Mises en cause ludiques ou nécessaires des conventions du discours pour préserver au langage une plasticité créative, pour assurer négociation d'un discours social à un autre, du fait des « à peu près », des « presque » jusqu'aux « pas du tout ».

En résumé, le jeu du langage va constamment porter sur la distance entre chaque désignation donnée comme « transparente » et l'équivoque introduite du fait même de toutes les variations explicitées ou non, qui accompagnent cette désignation.

Parler, discourir signifient concrètement alors, ne jamais cesser tantôt d'associer tantôt de dissocier ces deux aspects que la tradition nommait non pas signifiant et signifié, mais verbum et res : « chose » et « chose-signe ». De même, Bally distinguait-il entre *modus* et *dictum*, ce dernier étant le contenu de pensée et le *modus,* correspondant à l'attitude que prend un sujet vis-à-vis d'un contenu de pensée.

Par ces combinatoires d'association/dissociation entre désignations et évocations tirant parti des modalisations du langagier, nous allons pouvoir jouer quotidiennement du « marqué » par rapport au « non-marqué » et vice versa, et par suite d'« ouvertures » et de « fermetures » quant au rapport entre « signe » et « chose », marquer distance ou écart entre des représentations données (le *dictum*) et ce que nous-mêmes pouvons ou choisissons d'en dire (le *modus*). En conséquence, l'activité de langage, jouant des contraintes fonctionnelles du linguistique, va sans cesse travailler des images de relations entre objets et ce qui les désigne ou les évoque. Les pratiques langagières (sous forme de discours) vont en conséquence, opérer sur la modulation des rapports construits entre ces signes et les types de représentation du monde dès lors induits.

Modus et dictum

Les premières réflexions sur la modalité ont été produites en logique. C'est Aristote qui les développe au travers des questions philosophiques soulevées dans *De l'interprétation* et les *Premiers Analytiques*. Cette réflexion est prolongée par les analyses de la logique modale classique. La logique modale limite les modalités au quaterne <nécessité, possibilité, impossibilité, contingence>. De plus, elle n'envisage la modalité que d'un point de vue formel, c'est-à-dire sans se préoccuper du sens des mots.

Après le moyen âge, le concept de modalité est repris en linguistique de l'énonciation par Bally[47]. Ce dernier propose une approche linguistique de la modalité qu'il associe étroitement à la phrase. Toute phrase contient une modalité et c'est elle qui lui confère le statut de phrase. Bally donne de la modalité la définition suivante : la modalité est la forme linguistique d'un jugement intellectuel ou d'une volonté qu'un sujet pensant énonce à propos d'une perception ou d'une représentation de son esprit.

Une telle définition montre clairement que pour Bally, la modalité est une opération psychique que le locuteur opère sur une représentation. Il faut donc distinguer dans une phrase le *modus* et le *dictum*. Bally fait de cette dichotomie la base de sa théorie de l'énonciation. Il part du postulat que la langue est un instrument permettant la communication, l'*énonciation* de pensées par la parole. Et la forme la plus simplifiée de la communication d'une pensée est la phrase. La distinction entre *modus* et *dictum* relève donc d'une prise en compte des aspects logique, psychologique et linguistique qui conditionnent toute énonciation.

La phrase explicite comprend deux parties : l'une est le corrélatif du procès qui constitue la représentation (exemple : la pluie, une guérison) ; on l'appellera le *dictum*. L'autre contient la pièce maîtresse de la phrase, celle sans laquelle il n'y a pas de phrase, à savoir l'expression de la modalité, corrélative à l'opération du

---

[47] Bally, C. (1965), *Linguistique générale et linguistique française*, Berne : A.Francke, A.G. Verlag, 4e éd..

sujet pensant. La modalité a pour expression logique et analytique un verbe modal (par exemple : croire, se réjouir, souhaiter), et son sujet est le sujet modal ; tous deux constituent le *modus*, complémentaire du *dictum*.

La modalité se définit donc comme l'attitude prise par le sujet parlant à l'égard du contenu de son énoncé. L'analyse logique d'une phrase suppose la prise en compte des éléments en liaison avec le procès et des éléments qui ressortissent à l'intervention du sujet parlant.

C'est en ce sens qu'on peut parler d'intrication entre le cognitif et le langagier : chaque énonciation, chaque discours construisant à la fois, une certaine image de rapports entre choses (objets, situations, domaines) et les conditions de lecture — au sens du repérage — de cette représentation. *Le langagier doit ici être compris au sens de mise en œuvre du système linguistique, le cognitif désignant l'ensemble de ces processus mentaux par lesquels nous acquérons des connaissances, des informations et les élaborons modulo le langage pour réguler, modifier ou adapter nos comportements.* En conséquence, le cognitif est ce qui va désigner la forme intériorisée que vont prendre nos représentations du monde en même temps que les moyens, les stratégies par lesquelles nous allons procéder pour nous construire ces représentations. Parmi tous ces moyens (perceptions physiques, auditives, visuelles), seul le langage est à même de les mettre en forme et surtout d'en assurer transmission et manipulation symbolique. En ce sens, il est bien fondateur de nos représentations du monde, comprises, non seulement comme procédures de traitement et de compréhension des informations, mais encore comme « exprimant » nos repérages personnels ou collectifs en vue de l'action symbolique sur ces représentations.

Dans la conjoncture des débats en sciences cognitives, une question surgit immédiatement : le langage est-il fondateur et seul fondateur de notre cognition, à savoir : des procédures de développement et d'enrichissement de nos connaissances ? Assurément non : on sait l'importance des informations qu'apportent nos perceptions, qu'elles soient visuelles, tactiles ou auditives, dans la régulation et l'adaptabilité de nos comportements physiques ou sociaux. De même, on peut supposer que le lent développement de notre espèce, étalé sur des millénaires, a su remarquablement perfectionner notre cerveau et que cet « organe central » est porteur intrinsèquement de potentialités (neuronales) permettant à bref délai chez tout enfant, le développement de cette capacité de langage.

Mais ce que le langage assure, et que l'environnement social — autrement dit, l'insertion immédiate de tout enfant dans une communauté linguistique — va faire surgir en même temps que réguler, c'est effectivement ce pouvoir de mise en forme et de représentation de nos connaissances, en conséquence : d'action sur des repérages dans l'espace et dans le temps, concrets ou abstraits. Seul le langage atteste de ce qui fonde et garantit l'essence de nos sociétés : transmission des connaissances, formulation des règles et des normes, genèse et maintien des mythes et du sacré. Sans doute est-ce pourquoi la question idéaliste de savoir ce qui existe « réellement » en dehors de nos perceptions et en dehors du langage est en définitive, une fausse question, tenace comme toute illusion. Cette illusion est manifeste dans cette pensée commune (*doxa*) si vivace, qui fait, depuis Platon, reposer la condition du connaître dans la « rectitude des noms des choses » comme si, à ce prix-là, nous atteindrions leur « vraie » nature.

À vrai dire, toute l'histoire de notre philosophie occidentale a été dominée par l'idée que l'édification des connaissances n'était que la découverte progressive des « secrets de la nature ». Autrement dit : pour pouvoir être vue, une chose devrait « exister » avant que le regard la considère et la connaissance ne pouvait être que « le reflet » ou « l'image » d'un monde préexistant à la conscience. En posant un tel a priori, on ne pouvait que s'enfermer dans le dilemme qui a dominé toute l'épistémologie occidentale depuis le VIe siècle av. J.-C. et que résumait ainsi le biologiste Maturana : « L'affirmation a priori selon laquelle la connaissance objective constitue une description de ce qui est connu (…) appelle les questions « Qu'est-ce que savoir ? » et « Comment savons-nous ? »[48]

Dès lors, la situation était la suivante : si la connaissance ne peut être qu'une description ou une image du monde « en soi », il nous faut trouver un critère pour décider de ce que seront nos images correctes ou « vraies » du monde et quand elles le seront. Ce critère est un critère de tri et il faut bien admettre, dans cette perspective, la notion d'« apparence » : l'homme serait une sorte d'explorateur ayant pour mission de découvrir la réalité au-delà de son apparence. Cette notion d'apparence a été élaborée et appliquée à la perception par Sextus Empiricus[49], induisant cette redoutable question de savoir dans quelle mesure et de quelle façon, une image recueillie et transmise par nos sens correspondra ou non à une « réalité objective ».

L'exemple classique, donnée par Sextus, est celui de la pomme : nos sens lui donneront comme caractéristiques d'être lisse, parfumée, sucrée, jaune, rouge ou verte, mais rien ne dit qu'elle ne possède pas encore d'autres propriétés que nos sens restent impuissants à découvrir. Cette question bien sûr, ne peut trouver de réponse. Pour la simple raison que nous n'avons pas d'autre moyen de contrôler nos perceptions qu'en faisant appel à d'autres perceptions, mais il est évidemment impossible d'identifier ce que serait la pomme avant qu'on la perçoive sinon en postulant une sorte de « réalisme métaphysique ». C'est bien ce qui est arrivé à la pensée occidentale durant ces deux derniers millénaires. « Il est impossible, écrit Putnam, de trouver, des présocratiques à Kant, un philosophe qui n'ait été un réaliste métaphysique, au moins quant à ce qu'il considérait comme propositions fondamentales et irréductibles[50]. » Selon Putnam, un « réa-

---

[48] Maturana, H, Varela, F. (1980), *Autopoiesis and Cognition*, in « Boston Studies in Philosophical Science », Boston : D. Reidel, Vol. XLII.

[49] Sextus Empiricus (1948), *Esquisses pyrrhoniennes*, Trad. de J. Grenier et G. Goron, Paris : Aubier-Montaigne.

[50] Putnam, H. (1981), *Reason, Truth and History*, Cambridge : Cambridge University Press.

liste métaphysique » est un philosophe qui croit qu'on peut considérer quelque chose comme « vrai » seulement si cela correspond à une réalité autonome et objective.

Kant n'a guère modifié cette conception métaphysique de notre cognition. En dépit de sa thèse selon laquelle l'entendement ne puise pas ses lois dans la nature, mais au contraire attribue des lois à la nature, c'est en ajoutant un second argument selon lequel, ce sont le temps et l'espace qui déterminent nos façons de faire l'expérience du réel, qu'il a, peut-on dire, compliqué la situation. Dès lors, « non seulement les propriétés sensibles de la pomme devenaient discutables, mais aussi son existence même en tant que chose. En effet, non seulement son aspect lisse, son parfum, sa couleur, son goût sucré sont alors douteux, mais on ne peut non plus être certain qu'il existe un objet qui corresponde à notre expérience, formant un tout ou une « chose » séparée du reste du monde.[51] »

La conséquence radicale de cela — et l'histoire en témoigne dans la survivance du vieux débat entre science et religion —, c'est que toute représentation du réel sera frappée du discrédit de subjectivité. Le paradoxe alors, consiste à se demander non seulement pourquoi nous continuons de chercher pour « comprendre », mais encore, comment se fait-il qu'à la fois, sur le plan individuel, nous fassions progressivement l'expérience de stabilités dans l'organisation du monde et des actions et que sur le plan historique, la science ait su construire des modèles attestant de régularités fiables dans l'univers aussi bien physique que biologique.

En vérité, il faut renverser les interrogations historiques de la philosophie. *La question n'est pas celle de savoir si la réalité que nous percevons est la « vraie », mais celle de se demander comment nous construisons nos connaissances et par quels moyens, ces connaissances s'avèrent pertinentes* en regard des situations

---

[51] Von Glasersfeld, E. (1988), *Introduction à un constructivisme radical*, in « Paul Watzlawick : *L'Invention de la réalité* », Paris : Seuil.

humaines, de leurs évolutions et des buts régulant nos actions. Telle doit être la préoccupation cognitiviste.

Un modèle cognitif des opérations de discours

Récapitulons. On considérera un premier niveau, qui est celui de l'acte de langage et de la relation sous-jacente à cet acte. On ne peut dire sans dire quelque chose de quelque chose. La relation de base constitutive de tout énoncé — on l'a vu — sera donc du type *xRy* ou *xyR :* on pose quelque chose et on le met en relation avec autre chose : *Jean aime la soupe* [Jean, soupe, aimer]. Cette relation de base observée à partir de ce qui est posé dans l'énoncé permet d'inférer les actions énonciatives qui sous-tendent chaque prédication.

Prendre en compte cette dimension énonciative sous-jacente signifie intégrer dans l'analyse les marques indicielles du langage, à travers les différentes formes de la *deixis,* et les types d'actions que toute production langagière implique, à savoir les dimensions illocutionnaires et allocutives. La perspective énonciative que j'adopte suppose donc de travailler à la fois sur ces aspects indiciels du langage — le temps, les pronoms, les verbes de parole — et sur les actions de langage telles qu'elles sont manifestées dans les instances de discours :

> *Jean aime la soupe* c'est-à-dire : « ce que Jean aime, c'est la soupe », ou encore : « il y a de la soupe, Jean aime ça, il la mangera » ou encore : « tu peux faire de la soupe, Jean la mangera ».

Ce petit exemple, déjà évoqué, permet deux observations :

1. On retrouve là les problèmes classiques de la *thématisation* et de la *prédication* que travaille chaque mise en forme du sens, mais il importe de réaborder ces problèmes dans une perspective cognitive, c'est-à-dire intriquant à la fois, les actions du sujet sur du sens et les actions de ce sujet vis-à-vis d'autrui.

2. De ce point de vue, il est manifeste que tout énoncé est porteur de bien plus d'actions sémantiques qu'il n'en marque syntaxiquement. Cela peut s'appeler parfois « ambiguïté » ; en vérité, il s'agit de cette *plasticité* inhérente au langage et qui lui permet de s'ajuster en permanence à un nombre considérable de situations et d'interlocutions.

Ces concepts de *thématisation* et de *prédication* traduisent ce fait essentiel qu'on ne peut donc cognitivement parler d'un objet sans lui affecter une caractéristique ni parler d'une situation concrète ou d'un état abstrait des choses sans leur attribuer un certain mode d'être, un statut. Et c'est sur ces éléments même minimaux que le lecteur ou l'auditeur se fondera pour comprendre, interpréter, juger. À titre d'exemple, *Pierre sait le russe,* du point de vue thématique, cela peut s'interpréter aussi bien comme « c'est Pierre qui sait le russe » ou « ce que Pierre sait, c'est le russe » ou encore « il y a au moins une chose que Pierre sait, c'est le russe » ou enfin « il y a Pierre qui sait le russe » ; du point de vue prédicatif, ce qui est alors attribué à Pierre, c'est cette propriété de savoir le russe, laquelle peut être interprétée selon une échelle de valorisation dépendant chaque fois, de la situation d'énonciation.

Chaque énoncé est « une façon de présenter les choses » et de ce point de vue, il est d'emblée argumentatif. Un premier sens véritable du terme « argumentation » est celui de *présentation* : présentation des choses et présentation à chaque fois, d'un certain rapport d'un sujet au monde et aux autres, de même qu'on dit en français, « l'argument » d'une pièce de théâtre ou qu'en espagnol ancien, « argumento » désignait l'apparence et le vêtement de quelqu'un. Argumenter en conséquence, c'est d'abord attribuer des propriétés aux choses et déterminer, c'est-à-dire *montrer* des modes d'existence de ces choses en situations[52].

[52] « Georges Cadoudal, plus connu sous le nom Georges, dit Larive, ancien chef de brigands. Taille de 5 peids 4 pouces, âgé de 34 ans, n'en paraissant pas davantage, extrêmement puissant et ventru, épaules larges, d'une corpulence énorme, la tête très remarquable par sa prodigieuse épaisseur, le cou très court, le poignet fort, doigts courts et gros, jambes et cuisses pas très longues, le nez

Mais si nous voulons agir sur des sens et ainsi fabriquer du sens, il faut bien que nous jouions sur ces *repères fonctionnels* en les déplaçant vers *un autre niveau qu'on peut qualifier à la fois de cognitif au sens d'opérations sémantiques marquant des positions du sujet vis-à-vis de ce qu'il évoque et de langagier au sens d'opérations métalinguistiques marquant le rapport du langage aux choses.* Ces deux types d'opérations vont sous-tendre les combinatoires d'opérations discursives et argumentatives.

Les **opérations cognitives** peuvent être alors décomposées comme suit :

(1) Des identifications au sens qu'il s'agit pour tout acte de langage de marquer la désignation, c'est-à-dire « l'existence » de quelque chose, sous forme de nomination d'un objet, d'une situation, d'une notion. En conséquence, **toute identification revient à une différenciation :** on choisit de parler de ceci plutôt que de cela. Pour identifier et donc différencier, il faut encore compléter ce qui est désigné en lui attribuant des caractéristiques, des propriétés, une certaine « nature » :

> *Un canard, ça vit des années (sous-entendu par rapport à d'autres volatiles)*
>
> *Sa maison, c'est lui qui l'a réparée (beaucoup ne savent pas le faire)*

(2) Des stabilisations impliquant des déstabilisations : la finalité de toute énonciation est soit de confirmer ce qui est donné comme « existant » soit de le remettre en cause, de le « négocier ». Autrement dit, il s'agira tantôt de confirmer des sens déjà construits, de clôturer des champs de signification attribués à des objets ou à des représentations du monde tantôt de déplacer les frontières de ces champs de signification pour en reconstruire le sens :

écrasé [...] » *Dans les archives secrètes de la police*, Paris, Gallimard-Folio, 2011, p. 193.

> « *Le microbe, avant comme après 1878, date à laquelle il est « baptisé » est aussi bien un objet biologique qu'un objet médical, un objet juridique relevant de la législation, un objet économique relevant des brevets, un objet d'enseignement qu'un objet de moralisation.*[53] »

(3) Des appropriations associées à des désappropriations : tout acte de langage va particulariser le rapport de son sujet vis-à-vis de ce qu'il énonce et surtout vis-à-vis des types d'univers qu'il choisit d'évoquer. Ce sont tous les jeux de modalités permettant au sujet de créer ou non-distance vis-à-vis de ce qu'il énonce, c'est-à-dire de marquer ou non qu'il y adhère ou pas, selon tous les niveaux possibles de conviction, de certitude ou de prudence. Les appropriations correspondent donc à ce qu'on peut nommer des « prises en charge » de certains référents par le sujet et réciproquement, les désappropriations marqueront son désengagement vis-à-vis d'autres discours ou d'autres univers que ceux qu'il évoque :

> « *Je travaille sur la logique de l'argumentation ; je suis un logicien impur.* » (sous-entendu : je m'intéresse à une logique naturelle qui n'est pas la logique formelle considérée comme « pure » ; acceptez, si vous le pouvez, mon domaine de recherche…)

Les **opérations de langage** assurant ce travail cognitif du discours vont être alors génétiquement et au niveau même de chaque énoncé :

(1) Des localisations qui reviennent nécessairement à des identifications : pour parler de quelque chose, il faut le localiser dans le temps, dans l'espace, dans une situation :

[53] Salomon-Bayet, C. (1986), *Pasteur et la révolution pastorienne,* Paris : Payot.

> « *Le livre est sur la table* » *:* il y a quelque chose sur la table et c'est un livre ; le livre dont je parle est sur la table ; si tu veux le livre, il est sur la table.

Du point de vue linguistique, les opérations de localisation et d'identification empruntent aussi bien les formes de la *deixis* (pronoms, marqueurs spatio-temporels, anaphoriques) que celles classiques de la dénomination : lexiques standardisés ou en émergence. Ce qui est important, du point de vue cognitif, c'est qu'à ce niveau de l'énoncé, vont se générer de par les choix lexicaux et d'agencement syntaxico-sématiques, des relations de base conceptuelles : identités, associations, inclusions :

> « *Le livre est sur la table* » *:* j'identifie un objet livre, je l'associe à un objet support, la table, et j'inclus ainsi l'ensemble dans une configuration spatiale (livre et table) et temporelle (c'est maintenant qu'il y a un livre sur la table).
>
> « *En démocratie, le peuple vote pour ses représentants* » *:* j'identifie le régime politique nommé « démocratie » et pour ce faire, je l'associe à l'exercice du droit de vote ; ce droit est alors inclus dans la notion de démocratie.

(2) Des différenciations qui fondent des déterminations : on n'identifie pas sans différencier en retour, c'est-à-dire qu'il faut toujours distinguer, séparer l'objet dont on parle d'autres objets qui pourraient s'avérer proches. Pour bien différencier ce dont on parle de ce dont il ne s'agit pas, il faut donc non seulement localiser, identifier, mais aussi déterminer l'objet de discours. Les opérations de détermination, ce sont toutes les caractérisations de cet objet : qualifications, attributions de propriétés, quantifications, types de procès, qui vont spécifier des modes d'être de cet objet ou de cette situation de discours.

> « *La démocratie, ce n'est pas le régime totalitaire : le peuple peut s'exprimer, il a le droit de vote* » *:* l'objet

« démocratie » est identifié comme se différenciant de l'objet « régime totalitaire » ; il est construit comme *notion* en lui attribuant une propriété qui est celle offerte aux citoyens de pouvoir voter ; sous-entendu que tel n'est pas le cas en régime totalitaire ; et cette propriété est avancée comme essentielle pour fonder la détermination réciproque des deux notions, par suite leur différenciation voire leur opposition.

Les **opérations de discours** vont résulter de cette intrication entre opérations cognitives et opérations langagières. Ce seront :

(1) Des opérations de sélection : tout discours va choisir les objets dont il traitera : acteurs, situations, processus, événements, notions.

(2) Des opérations de caractérisation : ce seront tous les types de qualifications, au sens de propriétés ou de caractéristiques affectées à ces objets de discours : attributs, « essences », « natures », qualificatifs :

> « La Cité des archives. Elle a été promise solennellement par Catherine Tasca, Lionel Jospin et Jacques Chirac. Le site parisien de la rue des Francs-Bourgeois est saturé. Où caser la nécessaire annexe ? » (Le Monde, 5/07/02)
>
> Caractérisation essentielle de la future Cité des archives : trois hauts responsables dont l'actuel Président l'ont promise. Sa construction est donc assurée. Mais, seconde caractérisation : son emplacement n'est pas fixé…

(3) Des opérations de détermination qui vont ancrer les objets ainsi sélectionnés dans des modalités d'existence d'une part, sous forme de repères spatio-temporels authentifiant ces existences, et d'autre part, en les identifiant vis-à-vis d'autres représentations ou situations ; cela par tout un jeu d'intégrations et d'exclusions.

> « On avait d'abord songé à Reims. Les archivistes tiennent à Paris ou à la proche banlieue. L'ancien ministre de la défense du général de Gaulle, Pierre Messmer, avait proposé Vincennes. Jean-Jacques Aillagon doit visiter l'annexe de Fontainebleau, qui dispose d'une capacité de stockage de dix silos, dont deux sont utilisés. Ce site est récusé par les archivistes, qui le jugent trop lointain et mal commode. Le coût d'une nouvelle construction est estimé à 177 millions d'euros. » (Le Monde, 5/07/02)

Déterminations : Plusieurs sites ont été ou sont envisagés pour cette future Cité des archives : ils sont tous récusés par les archivistes qui tiennent à une implantation à Paris ou en proche banlieue. Le coût d'une nouvelle construction est très élevée…

(4) Des opérations de jugement : elles vont intervenir aussi bien à l'origine qu'au terme de parcours locaux ou généraux du discours, au titre soit de conséquences de ce qui a été avancé soit d'origines de ce qui va suivre. Ces jugements visent à la généralité sous forme de postulats ou de règles ou de lois données pour comprendre un fait, une situation, une notion. Ces jugements opèrent donc sur des représentations en avançant des « *repères* » — faits, objets ou événements — pour interpréter à chaque fois, un certain état des choses et pour ce faire, établissent des « frontières » entre ce que le discours dit être et ce qu'il dit ne pas être ou ne pas devoir considérer. Cognitivement, tout processus de jugement dans un discours se réalise au travers de stratégies d'inclusion et d'exclusion ou d'effacement en vue de la constitution de domaines de sens.

Ainsi s'opèrent sous la double opportunité des opérations langagières et cognitives, nos processus d'expression concourant à cette « logique naturelle » qui fonde tous nos discours.

Du discours et de la logique naturelle

Existe-t-il ainsi une « logique naturelle », c'est-à-dire commune, mais fondée elle aussi sur des règles comme il en existe en logique classique ou mathématique ? Pourquoi dit-on d'une situation : « c'est logique » ? Pourquoi dit-on de quelqu'un : « il est logique » ? En quoi consiste cette logique et comment procède-t-elle ?

Cette logique naturelle, c'est par le langage qu'elle se manifeste, c'est à travers le langage que nous l'éprouvons. Le langage, autrement dit : le discours. C'est le discours qui organise la mise en place du sens. C'est le discours qui nous permet de « communiquer » de la pensée, du sens.

Mais comment cela se fait-il ? Qu'est-ce qui dans le discours permet de « travailler » le sens et de construire « de la logique » ?

Qu'est-ce qui fait sens ?

« Ce qui fait sens », ce n'est pas seulement ce qu'on sait de celui qui parle, encore moins ce qu'on sait d'un événement ou d'une situation que le discours évoque. Ce qui fait sens, c'est le discours lui-même : la façon dont il « pointe » vers des choses ou des idées, la manière dont il en parle, les conceptions qu'il propose et parfois impose. Ce qui fait sens, c'est donc cette activité de « représentation du monde » qu'il y a dans le discours. C'est la manière dont le discours est organisé : son architecture. Dire en effet que le discours est « représentation », cela signifie que la construction du discours va donner « à voir » à chaque fois, une situation, des êtres, des choses et même des idées. Il donne à voir une certaine « réalité », mais cette réalité, c'est lui qui la construit, qui en fait une « lecture ». Le discours nous « lit » des réalités, nous aide à les lire. C'est là son astuce : il se donne comme interprétation d'une réalité ou d'une situation ; en fait, il la crée !

Le discours, acteur du monde[54]

Ce qui nous distingue en effet, vis-à-vis de toutes les autres espèces, est bien ce fait que la nôtre, au cours d'une longue évolution, a su développer un système « hautement développé » — le langage —, lequel nous permet autant de « communiquer » c'est-à-dire de désigner des choses immédiates, et par suite, de réguler des actions, que d'assurer et surtout de fonder cet extraordinaire pouvoir qu'est l'échange symbolique sous la forme d'évocations de « choses absentes » ou imaginaires, autrement dit de représentations, de conceptualisations, d'abstractions. « La séparation du monde en choses et en processus, en choses durables et choses périssables, en objets et en procès, n'est pas antérieure à la formation du langage [...], c'est au contraire le langage lui-même qui amène cette séparation qu'il doit effectuer pour sa part.[55] »

Le discours n'est jamais un écho ni un reflet d'une quelconque « réalité », de même que le langage ne « traduit » en aucun cas la pensée. Contrairement à l'opinion commune. Le discours est une construction sur un monde réel ou imaginaire ; le langage est l'outil indispensable pour ce faire. Le « secret » du discours est donc à chercher dans le langage qui le permet : non pas dans les mots que le langage emploie, mais *dans le langage lui-même en tant que système et phénomène à la fois*. Système parce qu'au-delà des variations, il y a des régularités constantes dans l'organisation et le fonctionnement du langage qui font qu'on peut repérer ce qui se dit de l'un à l'autre et donc se comprendre, même s'il existe des malentendus. Phénomène parce qu'effectivement, grâce à ces régularités, en les « manipulant », chacun pourra toujours créer ses propres dires : chaque discours sera d'une certaine façon, « original » même si l'on pense toujours que les uns ou les autres se répètent.

---

[54] Vignaux, G. (1988), *op. cit.*

[55] Cassirer, E. (1972), *La philosophie des formes symboliques. Tome 1 : le langage*, Paris : Minuit.

Ainsi celui qui énonce peut-il se croire unique. Ainsi tout discours peut-il prétendre être « le seul » à dire ce qu'il dit et le dire de la sorte ! Alors croit-on, on ne peut comprendre ce qui est énoncé là que si l'on sait tout ou presque de celui qui l'a énoncé. Et nous voici occupés à collecter des informations sur le sujet du discours, croyant ainsi pénétrer le sens du discours quand en vérité, on est en train de l'oublier. Le sens, pense-t-on, c'est ce à quoi le discours doit renvoyer : erreur ! Le sens, c'est ce que nous livre le discours dans sa construction même : *le sens est dans le discours et non hors de celui-ci !* C'est pourquoi il nous faut travailler à exhiber *les opérations qui font le discours et qui sont à la disposition de chacun grâce au langage.*

Les opérations dans le langage

Faisons retour : au départ de toute énonciation, c'est-à-dire de ce qu'un sujet exprime, il existe une certaine « mise en forme quasi abstraite » (sous-jacente) qu'il lui convient de respecter pour que ce soit reconnu comme du langage. Cette forme, ce moule générique, nous l'avons exposé précédemment, on peut la nommer *lexis*[56] ; elle est en vérité ce que le *dicible* — le *lekton* au sens des Stoïciens — doit accepter pour sa mise en place afin d'être perçu effectivement comme du *dicible :* ce qui a possibilité (virtualité) de se dire, mais qui ne peut s'instaurer que par la *mise en être* du langage lorsque cet être — nous-mêmes — met le langage *en acte,* c'est-à-dire qu'il vient à prédiquer pour énoncer. Et c'est la *prédication,* cet acte expressif initial et commun à toutes les langues et qui marque la vraie frontière entre notre espèce qui a su créer langage et les autres espèces. Qu'est-ce que *parler,* qu'est-ce qu'*exprimer,* qu'est-ce que *penser* sinon *prédiquer, c'est-à-dire avancer quelque chose de quelque chose, affecter ce qui « désigne » quelque chose de quelque chose d'autre qui le précise ou qui le « montre » autrement.*

---

[56] Culioli, A. (1989), *Pour une linguistique de l'énonciation*, Tome I, Paris : Ophrys.

Toute prédication repose ainsi sur un agencement de base : il s'agit de *désigner* un agent (qu'il soit humain ou chose ou situation), d'*indiquer* un procès, c'est-à-dire une action ou un état de cet acteur, et de *montrer* dans le temps et dans l'espace (modalités du procès) une circonstance motivant ou légitimant cette mise en association d'un agent et d'un mode d'être ou d'un faire. Ce que d'emblée ainsi toute prédication opère, c'est la conjonction entre un *désigner* (référer à des choses, à des acteurs et surtout des situations authentifiables) et un *montrer* légitimant le choix et l'intérêt d'en parler. C'est dans cette relation même entre désigner des choses du monde et en montrer un état ou un mouvement en situation — ce qui engage un « point de vue », une « façon de voir et penser » — que s'inscrit nécessairement à chaque fois le sujet, celui qui choisit de prédiquer et l'ose (conscient de le faire ou non). En ce sens, toute prédication est bien un certain « acte » d'un sujet. Reprenons notre exemple minimal antérieur :

> Forme « abstraite » *(lekton)* : *<livre, table, être>*
>
> Forme prédiquée : « *Il y a un livre sur la table* » (ce qui est un constat)
>
> Mais aussi : « *Il y avait un livre sur la table* » (sous-entendu : « *moi, sujet, je l'ai vu* », et en la circonstance : « *qu'en a-t-on fait ?* »)
>
> Mais aussi : « *Le livre était sur la table* » (sous-entendu : « *tu sais comme moi qu'il y était ; qu'en as-tu fait ?* »)
>
> Mais encore : « *Sur la table, il y aura un livre* » (sous-entendu : « *si tu t'ennuies ou que tu as de l'insomnie, prends-le, lis, ne m'ennuie pas...* «)
>
> Mais enfin : « *Sur la table, il y a un livre* » (sous-entendu : « *moi spectateur de cette scène ou de ce tableau, je vous indique que cet homme est cultivé voire savant : sur sa table, il y a un livre* ». Il n'est pas innocent que certains présidents ou chefs d'État choisissent de se montrer devant une bibliothèque). Etc...

Ce petit exercice qui pourrait être prolongé — l'exercice de la présupposition n'a d'autre vertu que de rappeler que toute prédication s'inscrit en situation et en discours — témoigne bien, à travers le jeu des implicites, de ce phénomène essentiel qui fonde toute prédication, à savoir le jeu d'échos entre *un construit* — ce qui est là inscrit dans un agencement de langage — et *un opérant* — ce que cet agencement même permet d'opérer sémantiquement dans une situation, dans une action en direction d'autrui.

De ce fait, toute énonciation (prédication) s'instaure comme *positionnement :* positionnement d'un sujet vis-à-vis d'une circonstance, d'une situation qu'il choisit de désigner ou d'évoquer, positionnement aussi de cette situation en regard d'autres et à l'intérieur du langage, c'est-à-dire dans la façon même de l'énoncer en regard d'autres discours possibles sur cette même situation. Tout acte de langage est ainsi porteur d'inscriptions qui sont autant d'« *instructions* » pour un jeu sur des repères : inscription du sujet vis-à-vis de ce qu'il choisit d'énoncer et d'autres énonciateurs présents ou possibles, instruction encore de ce qui est là énoncé en regard d'autres énonciations proches, adverses ou hypothétiques. Cette multiplicité de relations internes et externes à toute prédication pourrait prêter à confusion s'il n'y avait pas, présentes, un certain nombre de marques qui constituent *un véritable système d'indexation interne à l'énoncé.*

Citons à nouveau : (i) le renvoi à du lexique, lequel se constitue comme champ sémantique virtuel référant ce qui est désigné (acteurs, objets, situations) ; (ii) les formes d'agencement de ces termes entre eux (*Pierre aime Marie* est toute autre chose que *Marie aime Pierre)* qui se constituent à chaque fois, comme *parcours* orientant le *point de vue ;* (iii) les types de modalités temporelles et aspectuelles qui vont être affectées au procès reliant agent et objet ou agent et circonstance et qui vont autant spécifier dans le temps et l'espace cette mise en relation que la légitimer (exemple : si *Pierre aime Marie,* c'est parce que *je* — moi — le sais, et qu'il n'est plus besoin d'imaginer que Pierre « aimerait » Marie s'il la rencontrait). Construction de repérages, qui traduisent au niveau de l'énoncé, la coexistence d'*opérations* qui vont intervenir sur la matière même du langage — ce qu'un sujet fait de celui-ci à chaque fois — et sur les référents externes que l'énoncé veut « cadrer ».

Le *premier type d'opérations* travaillant le système du linguistique, je les ai effectivement nommées *langagières* pour exprimer qu'elles renvoient à du langage en acte ; le *second type d'opérations* est de l'ordre du *cognitif :* elles visent à réguler du langage vers de la connaissance et réciproquement à organiser et moduler de la connaissance grâce au langage ; elles fondent donc ce travail incessant du langage vers la connaissance et de celle-ci sous celui-là. Leur distinction n'est qu'analytique ; en vérité, elles sont toujours intriquées à l'intérieur même de chaque énonciation.

Ce qui s'opère ainsi quotidiennement dans et par l'activité langagière — on l'a vu —, ce sont : (i) des *localisations* (désigner quelque chose — *le livre* par exemple —, c'est nécessairement le localiser dans un monde de référence et donc l'identifier pour le différencier) ; (ii) des *identifications* donc en regard de *différenciations* (placer en situation ce quelque chose qu'on désigne en le nommant, c'est donc l'identifier dans un certain contexte ou placement — *le livre sur la table* — et le différencier d'autres choses et d'autres contextes ou placements — « les livres qui ne sont pas sur la table ») ; (iii) des *déterminations* qui, par le jeu des procès et de l'aspecto-temporel, mais aussi des quantifications et qualifications, seront nécessairement à la fois la construction des *modes d'être* de ce qu'on place en situation, et l'orientation dès lors vers un certain *regard* porté sur cette mise en relation (si *le livre <u>est</u> sur la table,* c'est qu'il y est maintenant et que c'est « <u>le</u> » livre et non n'importe quel livre, et qu'éventuellement encore : « vois-le, il n'y sera pas toujours » ou : « il y sera toujours » ; ou qu'enfin, de façon déictique : « prends-le, ne l'oublie pas »).

> « Comment ne pas rester stupéfait devant l'extraordinaire rapidité avec laquelle tout enfant soudain, en quelques mois, va

savoir parler ? [...] Songeons qu'en dix mois un enfant apprend plusieurs centaines de mots ; mieux : que les mots sitôt appris, l'enfant se met à jouer avec eux et réussit très vite des « jeux de mots » porteurs parfois de pure poésie, de franche hilarité ou de brutale agressivité. [...] Il vaut la peine de s'interroger [...] sur ce « miracle ». [...] lorsqu'on s'interroge sur la « communication animale », on ne peut manquer de s'intéresser à la fonction de « désignation » des objets. Cette fonction, avant d'être verbale, se manifeste indiscutablement par la compréhension et par l'usage du pointer du doigt. [...] jusqu'à l'âge de neuf ou dix mois, l'enfant retenu par sa chaise de bébé tend d'abord tous les doigts vers l'objet convoité, [...], mais tout d'un coup, vers le dixième ou onzième mois chez les filles, vers le treizième ou quinzième chez les garçons, [...] L'événement se produit : il commence à pointer du doigt. [...] pour faire ce geste, il faut à l'enfant toute une pensée organisée : il doit cesser de vouloir attraper l'objet pour se l'approprier immédiatement ; il doit de plus acquérir la représentation très élaborée que, par désignation, il peut renvoyer à quelque chose qui se trouve éloigné dans l'espace, et qu'il peut obtenir par l'intermédiaire de sa mère.[57] »

Ce geste nous mène aux débuts du symbolisme, aux origines de la capacité à évoquer les objets absents.

De même en va-t-il au niveau des actions symboliques du discours. Ce que tout discours opère en permanence, rappelons-le, ce sont : (i) des *sélections :* les objets qu'il choisit de traiter ; (ii) des *qualifications :* l'attribution de propriétés ou de caractéristiques à ces objets ; (iii) des *déterminations :* des *placements* repérant ces objets sous forme de modes d'existence qui vont leur être attribués ; (iv) tout cela convergeant opportunément vers des *jugements* conclusifs, ou réciproquement, à partir de jugements initiaux, s'instaurant comme *arguments* développés à partir de ces jugements.

[57] Cyrulnik, B. (1998), *La naissance du sens*, Paris : Hachette, p. 49-55.

La schématisation du discours

La logique naturelle se construit donc autant dans les « manipulations » et les jeux de langage que dans ces « lois de la raison » que l'Antiquité avait déjà définies : figures du raisonnement et figures de l'opinion. Aux logiques de discours correspondent des logiques d'idées, ces dernières motivant les premières, celles-là fondant nos courants et nos familles de pensée selon les époques, les thèmes ou les groupes.

On peut faire ici un parallèle avec ce que le psychologue Jean Piaget décrit du développement de l'intelligence chez l'enfant à son premier stade, celui des activités sensori-motrices. Celles-ci, selon lui, vont s'élaborer en « un schématisme des actions qui comporte déjà des structures de relation dont la coordination constitue une sorte de logique, point de départ de ce que deviendront les opérations de la pensée.[58] » Ces débuts de « l'intelligence pratique » se caractérisent par un état d'indifférenciation : le souci de réussir l'action n'est pas séparable chez l'enfant de ce qui motive cette action, à savoir l'objet à atteindre. Puis, les objets vont acquérir progressivement une « autonomie », quels que soient leurs déplacements ou leurs changements de position : ils vont exister en tant que tels. Cela veut dire, toujours selon Piaget, que l'adaptation de l'enfant au monde, et plus tard la nôtre, va s'organiser sous la forme de *schèmes d'action*. Autrement dit, si les objets existent pour nous en tant que tels, c'est à travers les actions qui leur sont associées et aussi en regard d'autres objets, supports d'autres schèmes d'action[59]. Ainsi en va-t-il des discours : ils sont supports de classes d'interprétation qui visent à la stabilité — à établir des « sens » —, et ces classes d'interprétation sont elles-mêmes résul-

[58] Piaget, J. (1967), *Logique et connaissance scientifique*, Paris : Gallimard, La Pléiade, p. 96.

[59] « Que les choses, telles que nous les distinguons, reconnaissons — et telles que les aimons — que les phénomènes du monde physique, du monde dit extérieur, soient déjà des mots : voilà qui ne fait pour moi aucun doute. » Ponge, F., (1971), *La fabrique du pré,* Genève : Albert Skira, p. 22.

tats des *schémas de « lectures »* que les discours ont pour ambition d'imposer en regard d'autres discours porteurs d'autres schémas de lecture. Nos représentations, nos « constructions du monde » prennent ainsi consistance et légitimité à travers les relations que nous établissons entre discours et entre objets ou situations dont ils traitent.

Tout cela peut sembler paradoxal. En réalité, cela consiste à dire que la logique naturelle n'est guère différente des logiques formelles ou classiques dans son fonctionnement : elle construit elle-même ses propres objets et leurs univers d'existence. La seule différence, c'est que ces objets, ces univers ont quelque chose à voir avec la « réalité » dans la mesure où il s'agit toujours pour le discours de construire des représentations de cette réalité. Les objets du discours ont à voir avec le monde. Ils en sont les « échos » puisqu'ils empruntent les mêmes désignations (exemple : le mot « table » renvoie en principe à l'objet « table ») et aux mêmes sens convenus (il s'agit d'un objet physique porteur d'un schème d'action régulier : « se mettre à table »). Construisant ainsi ses propres objets, le discours a toujours licence d'en transformer le sens (une « table de logarithmes », c'est autre chose) et d'en redéfinir les échos en les recomposant à l'intérieur d'autres univers (un guide gastronomique fournira « les bonnes tables »), et par là, de manipuler les références, de construire donc d'autres « lectures ».

Dès lors, la question de l'existence « réelle » ou non du monde est sans importance. Ce qui importe c'est ce qui est « réalité » pour nous. De cette réalité, le discours est filtre et acteur.

Sans doute, il y a toujours l'idée qu'il existerait une logique inhérente au monde, et que cette logique ne serait pas notre œuvre, mais nous n'avons pas d'autre moyen d'expliciter cette logique que la science, laquelle nous en fournit — pensons-nous — des mesures, des enregistrements aussi bien en astrophysique qu'en biochimie et ailleurs.

Quant à la « logique naturelle », celle du sens commun, les découvertes et visions du monde qu'elle met au jour sont celles qui résultent naturellement des schèmes d'action que nous appliquons au monde. Autrement dit : il n'y a pas de perception du monde qui ferait l'économie de notre activité physique et mentale, qui ferait encore l'économie de la référence à autrui, à d'autres représentations. Cette interaction entre le discours et son extérieur (son auditoire, son lectorat) est toujours présente, inscrite dans le discours. Et il s'agit pour le sujet énonciateur, soit de la conforter sous la forme du renforcement de jugements, d'opinions, de croyances, soit de l'infirmer en transformant ou en mettant en cause ces mêmes jugements ou croyances.

Ce processus de « condensation » d'un autrui ou d'un extérieur dans le discours, est un processus de « schématisation »[60]. Cela signifie que tout discours construit non pas un résumé, mais une réduction, *un schéma mental et langagier de ce à quoi il réfère, de ce à quoi il renvoie*. Sa liberté est dans le choix des objets qu'il évoque, dans la façon dont il les qualifie et dans les conclusions qu'il en tire. *Schématiser, c'est ainsi proposer (au sens fort), c'est aussi, d'une certaine façon, imposer !* C'est pourquoi, toute schématisation du discours va relever partiellement du normatif : il s'agit toujours dans nos discours comme dans nos actions, de construire des relations qui établiront des représentations et à partir de là, de tenter d'imposer des « figures d'objets », des schémas de « mondes locaux », nécessaires ou suffisants à nos activités, à nos idées, à nos croyances.

La validation du discours

Aucune « logique » n'est séparable des modes de sa validation, par soi-même et par autrui, pour soi-même et pour autrui. C'est-à-dire que le discours doit faire sens pour soi et pour d'autres. Cela veut dire encore que ce qui est posé dans le discours doit avoir

---

[60] Vignaux, G. (1976), *L'argumentation,* Genève : Droz.

des implications pour celui qui a produit ce discours et pour ceux qui l'ont lu ou écouté. D'où ce jeu ordinaire de la critique qui consiste à reprocher à l'homme public d'avoir dit et de ne pas avoir tenu ces engagements qu'il avait déclarés.

On retrouve ici la problématique précédente du rapport entre discours et réalité : la validation de nombre de discours réside seulement dans les actes dont leurs auteurs peuvent arguer ou dans la place sociale qu'ils occupent. Exemple : si je déclare à autrui « Dieu est amour », il faut que je sois un prédicateur reconnu, à tout le moins un croyant dont on peut témoigner qu'il fréquente régulièrement un lieu de culte. Pour que le discours existe, soit valide, il est donc nécessaire qu'il atteste dans son agencement de relations signifiantes avec le monde sous la forme notamment de procédures implicatives : « si je traite de cela, c'est parce qu'il faut en penser de cette façon » ; « si vous me comprenez, si vous êtes d'accord, alors témoignez, agissez » … Mais, pour que le discours soit reconnu valide, il faut aussi et surtout que ce qu'il énonce soit reconnu logique et ce, « naturellement » …

La logique naturelle se différencie donc de la logique classique en ce que le sujet qui la produit, y reste marqué, dans le fait aussi que les objets dont elle traite — on l'a vu — sont « en écho » de ceux du monde. Elle n'est pas une logique « sans sujet », elle est aussi une « logique d'objets »[61]. Dans la logique traditionnelle, les objets relèvent des « concepts primitifs », ce sont des entités abstraites qui découlent d'univers eux aussi abstraits, inspirés des mathématiques. La forme la plus élémentaire qu'on y trouve est donc celle de l'objet quelconque, dont l'idée n'accueille aucun contenu préalable ni même de présence en un lieu précis, mais

[61]« Je pense aussi que la linguistique de l'énonciation et la logique naturelle, si elles ont des visées en certains points comparables, sont néanmoins distinctes […]. La première s'attache davantage à la constitution interne des énoncés, la seconde aux relations externes qu'ils entretiennent entre eux, aux procédés d'agencement. *Il est à Canberra DONC en Australie, Paul ET Hélène sont allés au cinéma.* » Grize, J.B. (1991), *Linguistique de l'énonciation et logique naturelle, La théorie d'Antoine Culioli*, Paris : Ophrys, p. 61-72.

seulement « le fait d'être ou ne pas être », c'est-à-dire « l'identité à soi »[62].

Sans doute peut-on être tenté de donner un statut d'existence à ces objets ou de croire que les relations entre entités du monde fonctionnent ainsi. Il est vrai que les objets de la logique traditionnelle ont une origine inscrite dans la matérialité des choses, mais cette origine est lointaine ; elle demeure comme une sorte de « mémoire enfouie » qui se reconstitue à chaque fois, à travers les actions sur les objets et la conscience de ces actions. C'est par l'action que la logique classique s'est construite ; c'est ainsi que procède également la logique naturelle. « L'objet logique est le résultat objectivé de l'effet en retour de l'action sur elle-même.[63] »

Cela signifie que toute activité produit sa propre réflexion sur elle-même autant que la réflexion proprement dite est aussi activité dans la mesure où elle précède l'action ou en est la conséquence. Les processus qui sous-tendent les actions et les schémas cognitifs qui orientent ces actions sont ainsi interdépendants. Ce n'est que progressivement, dans le développement de l'intelligence, que nous deviendrons capables de distinguer l'action de son résultat et que nous pourrons regrouper les types d'objets en fonction des classes d'activités dont ils sont supports et les ranger sous la forme de systèmes d'action spécifiques. Ce faisant, comme le décrit Piaget, l'enfant évolue du niveau des opérations concrètes — celles de l'action et de la manipulation — au niveau des opérations formelles : les opérations de pensée, celles du logique[64].

Cette prise de conscience du résultat de ses actions et cette capacité nouvelle d'en dégager des systèmes de règles d'abord locaux puis généraux, n'implique pas nécessairement l'existence préalable de déterminismes biologiques ou psychosociologiques

[62] Gonseth, F. (1937), *Qu'est-ce que la logique ?* Paris : Hermann.
[63] Borel, M.J. (1978), *Discours de la logique et logique du discours,* Lausanne : L'Âge d'homme, p. 156.
[64] Piaget, J. (1967), *op. cit.*

de ces actions. « La logique, nous dit encore Piaget, est l'ensemble des règles de contrôle dont use l'intelligence, mais avant le langage, ces normes n'existent pas. »

C'est bien le langage qui va contribuer à stabiliser en nous des opérations de pensée et par là, les règles et les normes. Avec lui, apparaît chez l'enfant la conscience de soi, l'objectivation (les objets prennent statut) et la représentation (intériorisation mentale de l'action). Les systèmes de causalité qui vont alors progressivement se développer entre types d'objets ou de situations, types d'action et types de conséquences, vont converger vers la stabilisation des implications entre valeur et conséquence[65]. Autrement dit : vers la construction de ces systèmes de nécessités et d'obligations dont nous ferons dériver nos valeurs, nos principes, et donc vers la formulation des systèmes de connaissances qui vont légitimer ou garantir ces valeurs.

Le rôle de la logique naturelle

Dans ce contexte, le rôle de la logique est celui de nous offrir un système de régulations quotidiennes. « Si nous connaissons, écrit encore Piaget, les buts poursuivis par le sujet, les propositions selon lesquelles il agit correspondent aux propriétés qu'il attribue au milieu pour que son action maximalise la probabilité d'atteindre ces buts.[66] » Autrement dit : toute « intention » d'un sujet dans son action ou son discours opère comme autorégulation. Le discours, comme l'action, met en jeu, chaque fois, des systèmes explicites (principes, valeurs générales ou locales) qui vont ordonner ce qui est dit là. Et donc légitimer l'ordre interne du discours, indépendamment même de sa référence.

La logique naturelle aurait de ce point de vue, le statut d'une sorte de « pré-logique » inhérente aux échanges de discours d'une communauté donnée. Toute communauté partage en effet, des

[65] Piaget, J. (1951), *Le jugement moral chez l'enfant,* Paris : PUF, 1951.
[66] Piaget, J. (1957), *Les liaisons analytiques et synthétiques dans les comportements du sujet,* Paris : PUF, 1957, 61.

représentations, des façons de voir, des « idéologies », des *notions*[67] qui traversent les symboliques quotidiennes que cette communauté affecte aux objets, aux situations, aux normes. Comme une sorte de construction inachevée, mais toujours présente et partagée dans l'échange des discours. Cette « pensée non savante », pour reprendre l'expression de Marie-Jeanne Borel[68] est celle présente dans tous ces processus inférentiels qu'au quotidien nous produisons, empruntant à des causalités établies (« puisque tel A alors tel B ») ou les contredisant (« si A, alors B impossible »). Ces représentations ne sont pas des concepts ; ceux-ci requièrent des formes d'abstractisation plus poussée. Elles expriment en effet un rapport immédiat à l'objet : rapport perceptif qui suppose la présence de l'objet ou de la situation, et *rapport notionnel qui, lorsque l'objet est absent, implique qu'on s'en fait déjà « idée »*.

> Exemple : « Cette idéologie qui prône tout simplement un retour au modèle traditionnel pèse de tout son poids sur l'avenir des femmes et sur leurs choix. Comme Rousseau en son temps, on veut aujourd'hui les convaincre de renouer avec la nature et de revenir aux fondamentaux dont l'instinct maternel serait le pilier.[69] »
>
> [La notion d'instinct maternel qui traversa tout le XIXe siècle ferait aujourd'hui retour comme une sorte d'idée récurrente donnée comme « allant de soi »]

En résumé, par le fait qu'elle raisonne sur les « choses », la logique naturelle a pour propos de travailler nos représentations d'autrui et du monde. Tous ces discours qu'une société produit en permanence, loin de traiter des « réalités », ne font qu'ajouter des

---

[67]« La structure d'une notion primitive est constituée par un domaine notionnel (p, p'), muni d'un attracteur, avec un intérieur, un gradient, une frontière et un extérieur. La logique naturelle [...] se contente de postuler deux opérations dont l'une » alpha » engendre un premier élément d'une classe-objet et l'autre « pi » un couple prédicatif. » Grize, *op. cit,* 1990.

[68] Borel, Marie-Jeanne, *Ibid,* 160.

arguments aux arguments. Un argument étant posé, il permet d'avancer un autre argument ! Ainsi le discours se légitime-t-il lui-même et peu importe la vérification du « réel » : le « réel » est dans le discours lui-même ! La pensée de la sorte, se constitue comme une sorte de réel dont les figures doivent être recherchées au niveau des agencements du discours, des fonctionnements et des ancrages de celui-ci dans un sujet énonciateur, un univers, des thématiques, une histoire[70]. Alors, les choses, les situations, détachées de l'action voire du contact, resituées dans leur absence par l'évocation qu'en fait le discours, s'autonomisent. *Comme si tous ces discours, tous ces arguments qui s'échangent, opéraient en tant que « fictions » partagées.* Un monde d'objets, de situations, d'acteurs se constitue de la sorte, qui fonctionne comme « construction du monde », source d'univers de sens. *Métamorphoses continues dans nos perceptions du monde, puisque fondées sur le travail incessant des discours. Discours qui s'appuient les uns les autres. Convergences ou conflits. Enchantements, réenchantements de la réalité*[71].

Ainsi, en même temps que le monde extérieur évolue sous nos yeux, sans cesse nous nous attachons à en construire la représentation. Est-il peuplé d'êtres, d'objets, de situations ? Qu'importe ! Nous le repeuplons sans cesse, car il nous faut construire nos propres repères pour penser, pour agir. Ces processus de construction s'appuient sur du physique pour élaborer du conceptuel, c'est-à-dire qu'ils se fondent sur les propriétés que nous déga-

---

[69] Badinter, Elisabeth, *Le conflit. La femme et la mère.* Paris, Flammarion, 2010.

[70] « Le pontife [Benoît XVI] fonde son jugement [à propos de la béatification de Pie XII] sur des documents selon lesquels l'absence d'indignation et de condamnation publiques de Pie XII face au sort des juifs aurait été une manière de ne pas mettre en péril ceux que l'Eglise protégeait dans ses monastères. » Ridet, P. *Le Monde*, 22 décembre, 2009.

[71] « Le réenchantement de l'entreprise ne résultera pas de discours célébrant « l'entreprise responsable » comme cela avait été le cas dans les années 1980 avec « l'entreprise citoyenne » . Les salariés sont devenus réfractaires aux communications visant à les enrôler, et ils souhaitent avoir leur mot à dire sur ce qui les concerne. » Le Gall, J.M. *Le Monde,* 22 décembre, 2009.

geons des objets, ou que nous leur attribuons, pour construire et moduler nos « visions du monde ». « Les propriétés d'un objet sont toujours des relations » écrit Piaget[72]. C'est que d'emblée, nous projetons dans nos perceptions des objets, des propriétés issues des systèmes de relations qu'avec le passé ou l'expérience nous nous sommes appropriés. Ainsi, pensons-nous percevoir alors qu'en vérité, nos perceptions sont déjà orientées, de par ces systèmes de relations inscrits en nous, les uns issus d'une longue mémoire de notre espèce, les autres résultant de notre propre évolution personnelle.

Il n'y a donc pas de logique qui ne soit le produit de nos activités physiques et mentales. De même qu'il n'y a pas de sujet sans logique. Bien sûr, la tentation existe toujours — on l'a dit — de considérer qu'il existe, hors de nous-mêmes, une logique inhérente au monde, mais rien ne justifie la définition de relations d'existence (relations ontologiques) d'une réalité qui nous serait étrangère. Cela parce que toute découverte et exploration du monde transite par ces schèmes d'action évoqués précédemment, et qui s'édifient progressivement chez le sujet.

La schématisation cognitive

En même temps que s'échafaude à nos yeux le monde, nous l'édifions. Nous y reconstruisons de multiples formes, nous le peuplons d'objets, classant inlassablement ceux-ci, les regroupant, les séparant. Établissant tantôt des frontières, tantôt marquant des relations. De par cette nécessité première : construire nos propres repérages pour penser, pour agir. Ces actions perceptives sont en fait, d'emblée conceptuelles, car « réfléchies » depuis les résultats de l'activité physique ; elles vont déterminer les propriétés que nous attribuons aux objets en vue de composer nos « visions du monde ». « Les propriétés d'un objet sont toujours

[72] Piaget, J. (1957), *Les liaisons analytiques et synthétiques dans les comportements du sujet,* p. 45.

des relations », écrit Piaget[73]. En conséquence, on peut en inférer qu'il n'y a pas de logique qui soit extérieure à notre activité de sujet. *Toute activité humaine implique la mise en jeu immédiate de régulations cognitives et conceptuelles qui vont accompagner l'action, la schématiser en vue d'atteindre le but assigné.*

Ce processus de schématisation opéré par le langage et appliqué en permanence au monde, relève aussi du normatif. Il s'agit toujours dans nos discours de définir et construire des « figures » d'objets et de situations et à partir de là, d'imposer des « mondes locaux » nécessaires ou suffisants.

Le problème est alors celui de savoir comment se correspondent à chaque fois, d'un côté des liaisons entre actions sur le monde, et de l'autre, des relations signifiantes entre mots, établies par le discours. De l'une à l'autre, des unes aux autres. Autrement dit : comment s'opère ce rapport entre les implications qu'un sujet établit par ses mots et la « traduction » qu'on peut en faire sous la forme de processus de schématisation élaborés dans son discours. En résumé, ce qui est en cause, c'est de savoir quelles *mises en relation* on choisira de définir comme opérant dans le discours et quelles légitimités on s'accordera pour le faire.

Toute intention d'un sujet dans son discours opère ainsi une « autorégulation ». De soi vis-à-vis de soi, de soi vis-à-vis des autres : on ne cesse de « s'ajuster ». C'est là le sens du terme « normes » que j'emploie. Ce que le discours met en jeu, ce sont des *systèmes explicites de régulation de l'action*. Bien sûr, cela ne veut pas dire que tous nos raisonnements, tous nos discours ont le caractère de la nécessité. Ce que je veux souligner, c'est ce phénomène extraordinaire — et dont nous sommes généralement peu conscients —, à savoir qu'à chaque énonciation, le langage véhicule une forme sinon juridique du moins « notariale » sous-jacente ! Dire « j'aime la confiture », c'est déjà établir (au sens étymologique) que dans mes domaines de goût, la confiture en est un ! De même, dire « je t'aime » à quelqu'un, c'est plus que

[73] *Idem.*

l'informer ou traduire un sentiment ; c'est cadastrer une situation au sens d'amener cette personne à considérer que j'ai un certain type de relation avec elle ! Ce n'est jamais innocent !

Il y a donc des représentations du monde pré-agencées dont nous héritons ou faisons l'expérience. Elles sont pour la plupart « logiquement réglées » de par leurs modes de lecture imposés. C'est sur ces règles que le discours va agir soit en les cautionnant soit en les réhabilitant. Ce sont ces règles que la logique naturelle va confirmer ou « bousculer » dans leurs agencements, leurs compositions. Le plus souvent, ce qui sera déplacé ce seront les symboliques quotidiennes, les sens communs : significations et statuts des objets, situations, types de jugements. Ce qui est visé surtout dans le discours ordinaire, c'est cet ajustement à une situation, à un autrui sous forme de « partage » de sens et cela provient toujours de processus de construction qui sont « dans » le discours. Représentations, perceptions, orientations.

> *Exemple :* « Karl Marx refusait qu'on réduise le communisme à une idée. Prenant soin de distinguer sa doctrine et celle des socialistes « utopiques », il martelait que son programme ne saurait être confondu avec une fantasmagorie abstraite, née dans « le ciel embrumé de l'imagination philosophique » [...] Et pourtant [...], le destin actuel de cette espérance [...] se confond de plus en plus avec une pure « idée »[74].
>
> *Commentaire :* [Ce que redoutait Marx — que le communisme ne soit qu'une « idée » — est arrivé aujourd'hui, mais cette idée conserve un ancrage social : représentation qui perdure]

[74] Birnbaum, J. (2010), *Communisme, un spectre philosophique*, *Le Monde,* 5 février.

Ainsi, Serge Moscovici[75] soulignait-il l'importance des descriptions des comportements représentatifs observés par Piaget chez l'enfant et leur adéquation à l'étude des phénomènes de représentation sociale. En effet, les représentations, par opposition aux concepts, « expriment d'emblée un rapport à l'objet et guident la genèse de ce rapport » grâce à leur aspect à la fois perceptif, qui suppose la présence matérielle de l'objet, et notionnel, qui suppose son absence matérielle[76].

La logique naturelle, en tant que « logique du quotidien » emprunte donc à la fois aux processus perceptifs et cognitifs et opère dans et par le discours. Son propos est de raisonner sur les choses, de construire des représentations, des « façons de voir ». Cela va jouer autant sur des « sens » (qu'il faudra considérer) que sur des « formes » (modes d'agencement et de composition du discours). Et cela va avoir pour résultat de construire des schémas orientant la compréhension et l'action.

Ainsi, *l'activité logique « naturelle » s'identifie à l'activité schématisante* au sens « pratique » du terme : il s'agit toujours dans le discours, de présenter des objets, de les définir pour ce faire, et selon des propriétés circonstanciées à opposer à celles usuelles, mais en même temps, de montrer (c'est le sens de la notion de « représentation ») que ces objets sont exemplaires de domaines, d'univers d'existence ou de pensée.

La **fonction schématisante** du discours va donc opérer ainsi :

1. choix des objets que le discours va traiter,

2. « lecture » de ces objets : propriétés et modalités d'existence qui leur sont attribuées,

3. par là : construction cognitive de « mondes locaux » qui sont autant de filtrages, de réductions, de schématisations

[75] *La psychologie des représentations sociales*, in » Les sciences sociales avant et après Piaget », *Revue européenne des sciences sociales,* Genève, 1976, Vol. XIV, No. 38-39, p. 409-416.
[76] Borel, M.J., *op. cit.* p. 160.

d'autres mondes plus généraux, référés dans le discours et reconstruits par celui-ci.

Deux types de perspectives sont possibles pour observer cette fonction schématisante :

- l'une revient à ne considérer que la façon dont le discours opère sur des situations et en regard de situations,

- l'autre choisit de spécifier les processus et les modalités inventives de cette fonction schématisante : ce qu'elle construit et comment elle procède.

Ce qui peut se résumer dans le tableau suivant :

Fonction situationelle

	Actions du discours	Conséquences cognitives
1	Objets présentés par le discours	Sélections Choix de situations
2	Modalités de renvoi à des objets « extérieurs »	« Mise en situation » du discours
3	Représentations communes sujet-auditoire	Construction de « mondes locaux »
4	Représentations des « réalités concrètes »	Abstractions
5	Construction de « réalités abstraites »	Schémas cognitifs et situationnels

Fonction inventive

1	Sélection d'une situation « extérieure » à laquelle le discours va se « référer », qu'il va « pointer « : situation concrète ou abstraite (idées).
2	(Re)Construction de cette situation dans le discours : elle va devenir une « situation du discours ».
3	Procédures d'abstractisation employées pour ce faire : schématisation des faits, des personnages, des domaines
4	Composition et « mise en récit » des arguments : ordre du discours, jeux temporels.
5	Procédés du discours et dans le discours : stratégies rhétoriques, processus logiques.

La **fonction schématisante** du discours peut donc se résumer à la mise en œuvre corrélative de deux séries de processus d'action du sujet :

- un processus de sélections et de constructions progressives opérant sur le rapport entre discours et « réalité extérieure » ;

- un processus complémentaire, mais essentiel au premier, de jeux de procédés agençant l'édification dans le discours d'une réalité interne — « abstraite » —, substitutive de la « réalité extérieure ».

Fonction schématisante du discours

Procédés rhétoriques et logiques	Sélections de situations dans le discours
Opérations langagières et cognitives	Reconstruction de données « extérieures » au discours. Actions sur d'« autres dires ».
Attributions de propriétés à des objets, des situations, des domaines Qualifications Jugements	Opérations du sujet
Déterminations de situations et de domaines propres au discours	Modalisations Stratégies sémantiques et cognitives
Représentations Schémas de sens Schémas discursifs	« Réalité » du discours

Quelques « lois primitives »

Concrètement cela signifie en résumé, attribuer au discours un cetain nombre de lois que je proposerai comme *primitives* :

• Le discours construit des objets et construit des existences de ces objets. Peuvent être ainsi traités discursivement comme objets, des ensembles d'objets ou des classes d'objets[77].

[77] Cf le concept de *classe collective* ou classe méréologique chez Lesniewski, qui sera un tout et où il conviendra d'introduire une relation de partie à tout, par rapport au concept de classe ensembliste ou distributive, qui est l'extension d'un concept. Pour la classe collective, Lesniewski distingue les relations : est

• Le discours détermine des *modes d'existence* de ces objets. Il y a ainsi plusieurs types d'opérations de prédication : définition, description, propriété, comportement, action.

• La mise en jeu de ces opérations dépendra du *statut des objets construits* : animés ou non animés, personnes ou non personnes (choses, notions), acteurs, faits événements.

• Les opérations de prédication détermineront un *prédicat* (localisation spatio-temporelles, quantification), une *liaison entre objet et prédicat* (procès, modalités) ou une *relation inter-énoncés* (aspect).

• Le sujet énonciateur devra justifier les déterminations de son discours soit en se les appropriant soit en les imputant à autrui.

• Il y aura ainsi *plusieurs types de repérage de la relation énoncé-situation*[78] : prise en charge par le sujet, attribuée à un interlocuteur, imputée à un extérieur (autrui, sujet collectif, autorité).

• Le discours compose et articule ses déterminations par le moyen d'opérateurs de type syntagmatique et de relateurs prédicatifs.

• Les opérateurs sont ceux qu'il est possible d'attribuer à une » logique naturelle » : conséquence, inférence, développement, et leurs opposés.

---

partie de, est élément de, est ingrédient de. La relation de partie à tout ne coïncide pas cependant avec la relation d'inclusion. (Miéville, D. (1984), *Un développement des systèmes logiques de Stanislaw Lesniewski*, Berne, Francfort, New York, Paris : P. Lang)

[78] Comme le faisait remarquer Antoine Culioli (Séminaire de linguistique, ENS Paris) : « Tout terme du discours est en relation et dans une relation, il y a toujours un terme qui sert de repère. L'énoncé est ainsi formé par un ensemble de relations qui asssurent son repérage par rapport à une situation. La question est celle de savoir quelles sont les conditions qui fondent le statut de repères. »

• Les relateurs vont intervenir entre acteurs, objets, propriétés et situations : qualification, attribution, opposition, conjonction, coordination.

• *Tout discours peut donc être défini comme un ensemble de stratégies d'un sujet, dont le produit sera une construction caractérisée par des acteurs, des objets, et des événements.*

• Opérations et relations vont ainsi être composées et se composer en *configurations logiques*. La définition comme l'analyse de ces configurations passe par la prise en considération des éléments qui les motivent : place du sujet, objets en question, propriétés, types de situations.

• *La succession de ces configurations logiques définit un ordre propre à tout discours — ordre qui traduit à chaque fois le travail du sujet sur du sens et des représentations — et qui répond encore à des nécessités de composition de son raisonnement.*

• On pourra ainsi parler de *cartographies discursives* à la fois externes et internes et fondées sur des opérations. C'est de ces cartographies qu'il s'agira de dégager les différents types d'opérations mises en jeu par le discours :

- *opérations de dépendance, de succession, de développement ;*

- *opérations de thématisation*[79] *et d'attribution de propriétés ;*

- *opérations thématiques : croisements de relations sur des objets auxquels sont attribuées certaines propriétés.*

---

[79] Il y a toujours exclusion implicite dans tout processus de thématisation par rapport à un autre. En sélectionnant un élément, on le traite comme un élément différencié. Par la thématisation, on montre, on désigne, afin d'attirer l'attention de l'interlocuteur.

Les fonctions du discours

1. La fonction schématisante

Elle va opérer sous la forme de **déterminations**. Un même objet ne s'évoque pas de la même façon selon qu'il appartient à une situation ou à une autre, à un domaine ou à un autre. Ainsi, les mots et les agencements employés par l'auteur du discours renseignent sur les conditions de son discours. Deux ou plusieurs expressions peuvent désigner le ou les mêmes objets, mais les effets sur l'interlocuteur, l'auditoire ou le lecteur ne seront pas comparables. Cela témoigne de deux types de phénomènes : l'un est qu'on ne peut analyser un discours que partiellement, l'autre est qu'il n'existe pas de frontière étanche entre évocation et détermination. Tantôt explicitement tantôt implicitement, toute détermination va se fonder sur une évocation ou la construire.

Exemple de déterminations successives :

> « Qu'on arrête avec cette polémique ! J'ai rien à dire, mais alors rien de rien, vraiment rien... ». Visiblement, Cécile Duflot, secrétaire nationale des Verts, n'a pas vraiment apprécié que *le Canard Enchaîné* révèle, dans son édition du 23 décembre, qu'elle a passé ses vacances de Noël aux îles Maldives. »
>
> « Bonjour le bilan carbone ! », ironise ainsi un blogueur sur *Le Post*. […] « Ce voyage aux Maldives serait-il un nouveau faux pas ? », s'interrogeait le *Canard.* » Elle peut toujours prétendre qu'elle va étudier dans ce paradis terrestre les effets du réchauffement climatique sur les terres à peines émergées… », ironisait l'hebdomadaire[80]. « Bref, à trois mois des élections régionales […], Cécile Duflot n'apprécie guère la manoeuvre. Et rappelle que les Verts n'ont » jamais été pour l'interdiction de l'avion... »

[80] Extrait de *Vacances aux Maldives : Cécile Duflot répond aux critiques*, Le Parisien, 30 décembre 2009.

Commentaire : Déterminations opérées dans le discours :

> Cécile Duflot, secrétaire nationale des écologistes (Verts), est allé en vacances aux Maldives.
>
> Le bilan carbone d'un tel voyage (en avion) est sans doute important.
>
> Elle a caché cette destination (selon *Le Canard enchaîné*).
>
> Est-ce un faux pas ?
>
> Nous sommes à trois mois des élections régionales où elle sera tête de liste d'Europe Ecologie en Ile-de-France.
>
> Madame Duflot rappelle que les Verts n'ont jamais été pour l'interdiction de l'avion !

La schématisation construite par le discours est celle d'une dirigeante écologiste embarrassée dans ses contradictions, ce qui peut induire un doute quant à la réalité des engagements de son mouvement… Il est clair ainsi que désigner ce voyage de vacances comme un « nouveau faux pas » ou de « super-vacances écologiques » n'est pas sans effet sur le lecteur ! Simultanément, les Maldives sont évoquées comme un « paradis terrestre » faisant partie des terres émergées menacées par le réchauffement climatique, lequel réchauffement est accentué par les excès de carbone dégagés par le transport aérien… De détermination en détermination, l'objet « vacances » devient symbolique d'une personnalité dont la sincérité apparaît douteuse… Ainsi opère le discours visant la suspicion…

2. La fonction justificatrice

Dans nombre de discours, les propositions sont présentées avec l'appui d'une justification. Cette justification peut être soit directe (« donc », « par conséquent », « c'est parce que ») soit indirecte (« si l'on considère », « étant donné que », « on sait que ». Ce qui est fondamental, c'est que la démonstration en mathématiques ou en logique classique ne connaît que deux sortes de justifications directes : « p » donc « q », « p » donc « q » et « m ». L'argumentation naturelle, en revanche, en utilise un très grand nombre.

Exemple : la justification d'une hypothèse scientifique :

> « Dans les règnes animal et végétal, les exemples de subterfuges et de faux-semblants sont multiples. [...], mais une forme particulière de mimétisme reste mal connue : celle où l'animal ne cherche pas à échapper à la vue, mais où il se grime en objet inanimé non comestible, tel qu'une brindille [...]. Une équipe britannique décrit, dans l'édition de *Science* du 1e janvier, une expérience donnant à penser que ce comportement constitue une tactique de défense active. Les chercheurs ont utilisé comme cobayes des poussins de basse-cour et des chenilles de papillons [...], qui ont l'apparence de brindilles brunes et noueuses. Dans un premier temps, certains des poussins ont été mis en présence de rameaux d'aubépine, sur lesquels ils se sont fait le bec. Puis des chenilles ont été servies à tous les volatiles. Résultat : les poussins qui avaient précédemment goûté aux branchages ont attendu plus longtemps que les autres avant de s'attaquer aux larves. Cette leçon de choses [...] prouve que le mimétisme sans camouflage — les chenilles, posées sur un sol nu, étaient parfaitement visibles — parvient bel et bien à tromper les prédateurs [...]. Et qu'il s'agit d'un système défensif à part entière. [...]. L'aptitude à déjouer les pièges du mimétisme pourrait constituer un facteur de sélection jusqu'alors négligé.[81] »

Commentaire :

1. Le contexte posé est celui du mimétisme animal destiné à se protéger des prédateurs.

2. Il existerait un mimétisme mal connu : celui qui consiste à se déguiser en animal mal connu.

[81] *Le mimétisme, art guerrier animal*, Le Monde, 1e janvier 2010.

3. Pour justifier son existence, des chercheurs ont conçu une expérimentation.

4. Des poussins ont été habitués à des rameaux d'aubépine, puis mis en présence de chenilles : ils ont hésité longtemps avant de s'attaquer aux chenilles.

5. Cette hésitation justifierait deux hypothèses : il peut y avoir un mimétisme sans camouflage (les chenilles posées sur le sol nu) ; des capacités cognitives interviennent (chez les poussins).

6. Cela justifierait encore une hypothèse plus globale : l'aptitude à déjouer les pièges du mimétisme serait un facteur de sélection.

3. La fonction organisatrice

La fonction organisatrice du discours du discours, c'est celle qui va composer sur le plan interne les stratégies du discours. Les considérations précédentes, faites à propos de la nature des objets, et de leur rôle en logique naturelle, amènent à penser qu'il existe *une double organisation opératoire : l'une entre propositions et l'autre entre objets.*

Les opérations entre propositions

Ce sont :

1. Celles qui sont marquées en français par des expressions comme « en effet », « or », « donc », « parce que », « puisque », « par contre ». Elles appartiennent à la métalangue puisqu'elles opèrent sur la langue.

2. Celles que traduisent des termes comme « et », « ou », « si », construisant des relations de conjonction, de disjonction ou de conséquence.

3. Celles enfin, induites par des opérateurs comme « mais », « pourtant », « en revanche » qui marquent des relations d'opposition.

L'analyse de ces relations va permettre de représenter le discours comme ensemble d'opérations concourant à la représentation d'un projet de sens, les déploiements discursifs correspondant aux stratégies du sujet qui architecture ces opérations.

Exemple : extrait de « La réalité augmentée, une révolution »

> « […] La start-up néerlandaise *Layar* transforme le téléphone en guide touristique grâce à un navigateur de réalité augmentée. En passant la caméra de son téléphone devant un bâtiment ou une devanture de restaurant, on peut ainsi obtenir des informations sur l'histoire du lieu ou le menu du jour. […] la géolocalisation devient sociale : […], l'on signale désormais l'endroit où on se trouve à son réseau pour recevoir, en échange, des indications sur les bonnes adresses environnantes. […] Le tri social s'ajoute ainsi au tri géographique.[82] »

Les propositions successives du discours, relayées par des verbes comme « devenir », des termes mélioratifs comme « mieux », ou renforçateurs comme « ainsi », convergent vers l'idée d'une révolution du téléphone devenant moyen de création de réseaux sociaux privés au travers de son usage à destination touristique. Le futur est déjà là ! telle est l'idée centrale du discours. Le téléphone, de par la notion pratique de géolocalisation, et l'usage qu'on peut en faire, permet ainsi un tri géographique (les « bons endroits »), mais aussi un tri social (les amis).

Une nouvelle notion — celle de « tri social » — est ainsi établie par le discours. Cela s'opère, on le voit, par une succession de mises en relation introduisant à chaque pas une propriété ou une caractéristique nouvelle. Toute schématisation discursive se fonde ainsi sur des choix d'objets, des qualifications de ces objets et des relations entre ces objets. L'écriture et l'analyse des relations permettront alors de représenter le discours comme en-

---

[82] Beuth, M.C. (2009), *Quand le Web réinvente notre quotidien*, Le Figaro, 31 décembre.

semble d'opérations ordonnées vers un projet de sens. D'où la nécessité d'une « typologie » de ces relations.

Les relations sémantiques et cognitives dans un discours

Tout discours, tout texte, en résumé, qu'il soit démonstratif ou qu'il s'inscrive en situation polémique, même en contexte scientifique[83], « pose » des idées, construit des développements, argumente, c'est-à-dire travaille les sens des *notions* qu'il invoque ou avance. Ce travail du discours porte donc sur des entités — objets concrets ou abstraits — qu'il s'agit de définir ou de redéfinir pour les faire comprendre et admettre par le lecteur comme notions en relation avec d'autres notions. Les notions, ce sont ces grandes questions, ces grands thèmes qui alimentent et motivent les discours et les textes de la culture universelle ou de cultures données : « l'homme », « la femme », « la liberté », « la paix », « la démocratie », « la santé ». Tout discours travaille sur des notions de ce type, en vue soit de modifier leur sens (leur contenu), soit de compléter ou transformer les domaines concrets ou abstraits auxquels elles s'appliquent ou qu'elles « ouvrent « :

> « Je souhaite que 2010 soit l'année où nous redonnerons un sens au beau mot de fraternité qui est inscrit dans notre devise républicaine. » Nicolas Sarkozy, président de la République, *Le Monde,* 2.01.2010.

Comment ce « travail » du discours s'opère-t-il ? Réponse : en conservant, en supprimant ou en modifiant les êtres, les objets, les situations, les domaines illustrant ou caractérisant ces notions. Et comment les modifier ? Tout simplement, en transformant, développant ou supprimant des propriétés, des caractéristiques, des sens qui leur ont été attribués par d'autres dans une certaine société ou dans des circonstances données.

[83] Je pense ici à *l'Introduction à la médecine expérimentale* de Claude Bernard (1865, Paris : Flammarion, Champs, 1984) que j'ai beaucoup étudiée par ailleurs : http://www.colisciences.in2p3.fr/.

Nous avons donc à un premier niveau de relations (R1), des **définitions,** mais aucune définition n'est à priori suffisante : elle se complète toujours de redéfinitions successives.

Ces définitions ou redéfinitions vont porter sur les constituants et les modes de **composition** (objets, propriétés, situations, domaines) affectés à chaque notion et qui la caractérisent ou en fondent l'originalité (Relations 2).

Cette action sur les constituants est encore renforcée au travers de l'**association** de chaque notion avec d'autres notions (Relations 3) ou de sa confrontation à d'autres notions sous forme d'**opposition** (Relations 4).

Enfin, la légitimation des notions ainsi construites dans le discours est confirmée et prend autorité à partir des **développements** et conséquences qu'on peut leur attribuer (Relations 5).

1. La relation de définition ou de redéfinition

1. Définition : Exemples :

• « La médecine, c'est conserver la santé et guérir les maladies.[84] » (Claude Bernard, IEME)

• « La connaissance des causes des phénomènes de la vie à l'état normal, c'est-à-dire la physiologie. » (Claude Bernard, IEME)

• « Descartes a donné une définition métaphysique de l'âme et une définition physique de la vie. L'âme est le principe supérieur qui se manifeste par la pensée. La vie n'est qu'un effet supérieur des lois de la mécanique. » (Claude Bernard, *La science expérimentale*)

2. Redéfinition : Exemples :

• « La connaissance des causes des phénomènes de la vie à l'état normal, c'est-à-dire la physiologie, nous apprendra à maintenir les conditions normales de la vie et à conserver la santé. » (Claude Bernard, IEME)

• « Il faut donc suivant Stahl, une force vitale qui conserve le corps contre l'action des forces chimiques extérieures qui tendent sans cesse à l'envahir, à le détruire : la vie est le triomphe de celles-ci sur celles-là. » (Claude Bernard, *La science expérimentale*)

2. La relation de composition

Ce sont les objets, les propriétés, les caractéristiques qui vont être affectés dans le discours à chaque notion et présentés comme constitutifs de celle-là.

Exemples :

• « C'est grâce aux secours puissants des sciences physico-chimiques que l'étude des phénomènes de la vie a accompli des progrès surprenants. » (Claude Bernard, IEME)

[*« Physico-chimie » en composition avec « Vie »*]

• « Ce qui distingue le cadavre du corps vivant, c'est ce principe de résistance qui soutient ou qui abandonne la matière organisée. »

[« *corps vivant* » *+principe de résistance*]

3. La relation d'association

La relation d'association constitue un travail de complètement et d'illustration des définitions.

Exemples :

• « Je pense que la médecine est destinée à être une science expérimentale. » (Claude Bernard, IEME)

[*médecine+science expérimentale*]

[84] Désormais, je désignerai *l'Introduction à l'étude de la médecine expérimen-*

• « Il est certain, par exemple, que la vie d'un éléphant peut paraître l'éternité par rapport à la vie d'un éphémère, et quand nous considérons la vie de l'homme relativement à la durée du milieu cosmique qu'il habite, elle doit nous paraître un instant dans l'infini du temps. » (Claude Bernard, *La science expérimentale*)

[*éléphant = éternité+homme=instant*]

4. La relation d'opposition

Le discours peut opposer deux ou plusieurs notions entre elles, soit par confrontation de leurs objets ou de leurs propriétés, soit par la mise en contraste de leurs conséquences.

Exemples :

• « La méthode expérimentale détourne nécessairement de la recherche chimérique du principe vital. » (Claude Bernard, IEME)

[*méthode expérimentale versus vitalisme*]

• « Ils ont admis que la force vitale était en opposition avec les forces physico-chimiques. » (Claude Bernard, IEME)

[*vitalisme versus physico-chimie*]

5. La relation de développement

• « La médecine scientifique ne peut se constituer ainsi que les autres sciences, que par voie expérimentale, c'est-à-dire par l'application immédiate et rigoureuse du raisonnement aux faits que l'observation et l'expérimentation nous fournissent. » (Claude Bernard)

[*médecine = développement de méthode expérimentale*]

• « Il y a plus, la doctrine vitaliste ne repose pas seulement sur des hypothèses fausses, des faits erronés ; elle est par sa na-

---

tale de Claude Bernard sous le sigle IEME.

ture contraire à l'esprit scientifique. » (Claude Bernard, *La science expérimentale*)

[*vitalisme = développement = contraire à l'esprit scientifique*]

Une architecture générale du sens

Opérations et fonctions, telles que nous venons de les parcourir, concourent au « penser » du discours et à la construction des domaines qu'il sous-tend. La question ici est d'examiner comment se compose cette architecture des domaines dans le discours. On dsitinguera ainsi :

1. Le niveau notionnel

Ce sont les « idées premières », les termes génériques qui sont manipulés dans un texte, mais qui traversent aussi un ensemble de textes (la médecine, la physiologie) ou sont communs à plusieurs types de textes ou de domaines dans une société, dans une histoire (les notions de vie, de mort).

2. Le niveau relationnel

C'est l'établissement des relations entre notions : les mises en contraste et compositions des notions entre elles (la vie, la mort, la santé, la maladie).

3. Le niveau sémantique

C'est celui de la construction des objets topiques dans le discours. À partir de ces deux derniers niveaux s'engendrent des réseaux sémantiques selon :

- des **stratégies de parcours** : stratégies de l'auteur qui impliquent des modalités de lecture conduisant d'une notion à une autre (de X voir Y) ;

- des **niveaux cognitifs** : *trajectoires de connaissances* conduisant des objets d'un domaine aux notions que ces objets mettent au jour ou illustrent. D'où :

Genèse des domaines :

1. Réseaux thématiques : constitués d'objets (concrets ou abstraits) authentifiant un domaine ; un même « objet » peut être topique pour un ou plusieurs domaines ; ainsi de la « clé anglaise » pour la plomberie, l'automobile et le bricolage et de la notion « beauté » pour les femmes, les paysages et l'art…

2. Réseaux sémantiques : les propriétés des objets : les propriétés des objets vont être constitutives de domaines selon l'opposition entre « intérieurs » et « extérieurs » de ces domaines. Exemple : le domaine des fruits par rapport à celui des légumes, mais la tomate est-elle un fruit ou un légume ? un fruit et un légume ?

3. Perspective cognitive : ce sont ces opérations de *lecture-compréhension* fondées sur des lectures et relectures des propriétés des objets. Elles apparaissent notamment au travers des modalités de la construction discursive.

Les modalités de la construction discursive[85]

1. Les objets du discours

Tout discours porte sur au moins un objet : cet « objet » n'est pas ce qu'il est coutume d'intituler « thème » du discours. Le thème d'un discours est plus que l'objet : il définit et qualifie le discours en rassemblant les propriétés que ce discours s'efforce d'établir. Il n'y a donc pas de thème et de sous-thèmes, mais à chaque fois, un ensemble d'objets que la prédication va constituer progressivement : acteurs ou notions en situations. Les sous-objets seront les éléments, soit qu'il s'agisse de parties constitu-

[85] « Les notions fondamentales qui s'imposent maintenant ne sont plus celles de la conscience et de la continuité (avec les problèmes qui leur sont corrélatifs de la liberté et de la causalité, ce ne sont pas celles non plus du signe et de la structure. Ce sont celles de l'événement et de la série, avec discontinuité, dépendance, transformation. » Foucault, M. (1971), *L'ordre du discours*, Paris : Galllimard, p. 58.

tives et nécessaires à une détermination d'objet complexe (situation d'acteurs ou d'objets, notions complexes) soit encore que ces sous-objets représentent une *collection* (acteurs, notions, objets), qui fonde l'objet global et en même temps, le construit. Les jalonnements constructifs du discours sont ainsi marqués par un certain nombre de relations.

2. Les relations entre objets

Elles seront de type rapprochement, juxtaposition, voisinage, composition. Elles vont utiliser des opérations logiques comme l'analogie, l'opposition, la complémentation voire l'inclusion. Il faut encore considérer la relation objet-prédicat qui va fonder les formes d'existence des objets, leurs déterminations et permettre ainsi l'établissement de modes d'interaction.

3. Les déterminations

Elles constitueront donc l'ensemble de processus le plus immédiat pour la construction des objets. Il s'agira de *relations de qualification assignant des propriétés aux objets* (adjectifs, adverbes, déterminants) et construisant ainsi des représentations spécifiques. Ces qualifications vont fonctionner par l'intermédiaire des procès. Ces derniers illustreront des parcours d'existence en mettant en relation les déterminations et les aspects successifs de la représentation progressivement modulée.

4. Les modalités

Il faut mentionner en premier les modalités temporelles sous la forme classique des temps, mais aussi celles des aspects : accompli, non accompli avec toutes les modalités intermédiaires : du révolu au prédictible. Les modalités à considérer encore sont celles du certain, du probable, du possible et de leurs négations. Enfin, on devra tenir compte des jeux du sujet sur le factuel et l'hypothétique, et donc sur les formes d'existence de la représentation (assertion de fait ou jugement hypothétique). En d'autres termes, tout sujet qui énonce va dire des choses et dire ce qu'on peut en dire et comment on peut le dire. Ces énonciations seront données comme renvoyant à une » réalité » extra-linguistique, mais cette réalité n'a pas d'autre légitimité que celle de fournir référence au discours. Elle fonde et motive le discours, mais elle est prétexte. *Toute « réalité » n'existe que par un domaine de représentations qui lui sont afférentes : le discours est lieu privilégié pour la constitution de ces représentations, lesquelles nécessitent certains types d'opérations logiques.*

5. Les opérations logiques

On peut les diviser en deux types généraux. Les premières sont constitutives et fondées sur les procédures de qualification ou de détermination associées aux objets du discours. Les secondes interviennent à l'occasion des procès assertant les modes d'existence des objets, mais pour les comparer, les opposer, les associer sous forme d'opérations de type implication, inclusion ou conséquence. L'analyse des compositions de ces relations et de leur *ordre* est fondamentale pour l'approche du sens du discours.

6. Les procédures d'ordre

Ces procédures vont intervenir effectivement dans la composition des opérations logiques concernant un même objet discursif, mais surtout elles vont permettre de composer les relations entre plusieurs objets différents. Une progression « modulée » va ainsi permettre au sujet de valoriser certaines de ses déterminations et d'en écarter d'autres. Les procédures d'ordre sont des stratégies sur la chaîne des opérations (opposition, implication, analogie, métaphore). Cet ordre sera l'arbitrage du sujet pour spécifier les poids respectifs des notions ou objets ou acteurs principaux du discours par un jeu progressif composant les certains, les possibles et les nécessaires. Citons par exemple ces déterminations qui vont constituer graduellement l'affinement d'un jugement qui se donne comme objectif à propos d'un fait. Les stratégies d'ordre vont jouer encore sur le factuel et l'hypothétique.

Les nécessités de cette progression induisent le découpage du discours avec des paragraphes, des pauses, tous jalonnements qui correspondront soit à la construction des sous-objets successifs soit à des moments de la représentation, moments situés dans l'espace et dans le temps. Moments qui seront autant de repères pour expliciter les stratégies du discours.

Les stratégies du discours

C'est en jouant de ces relations portant sur des objets en situation, sur des domaines et sur des notions, que le discours va construire représentation. Le discours : machine à faire sens, machinerie complexe du sens. Et qui aboutit à ce phénomène quotidien qu'est la « présentification », autrement dit la mise en lecture sans cesse renouvelée des objets du monde. Processus d'abstraction qui empruntent la forme du concret, du familier, et qui, projetés sur le monde, orientent notre regard. Perspectives ainsi jetées, tracées, parcourues. *Schémas de sens qui sont des parcours cognitifs au sens que le discours va les croiser, les confronter, les faire interagir, se transformer les uns les autres. Fluidité apparente qui permet de stabiliser, au travers des retours et des répétitions, des figures de sens.*

La représentation du monde par le discours opère donc autant par ce qu'elle dit des objets, des autres et des situations ou des notions, que par ce qu'elle n'en dit pas. Ce sont ces *parcours* que permet l'activité schématisante du langage. En conséquence, les stratégies du sujet composant un discours vont être de supprimer des oppositions et d'en constituer d'autres, de donner comme similaires des objets auparavant différenciés et d'établir des associations là où il y avait des relations d'altérité. Le linguiste Emile Benveniste faisait observer que : « Le langage re-produit la réalité. Cela est à entendre de la manière la plus littérale : la réalité est produite à nouveau par le truchement du langage. Celui qui parle fait renaître par son discours l'événement et son expérience de l'événement.[86] »

[86] Benveniste, É. (1966), *Problèmes de linguistique générale*, Paris : Gallimard, p. 25.

Parler donc, d'intervention du sujet dans son discours, cela signifie considérer le discours non pas comme « reflet » de son sujet, encore moins d'une « idéologie », mais comme projet de représentation — ayant un auteur, son sujet —, et dont il convient surtout d'analyser les formes et les conditions linguistiques qui l'agencent. Le discours, en effet, est ce lieu où un sujet se donne pour tâche de propager et d'enseigner les procédures de pensée menant à une conclusion qu'il souhaite voir partagée. Préoccupation constante au point qu'« une information soit toujours accompagnée de sa règle d'emploi » à l'intérieur du discours[87]. En conséquence, celui qui écoute, lit ou analyse un discours, se voit guidé, orienté dans sa lecture ou son analyse par ce « sur-marquage » des relations qui va lui permettre d'inférer des intentions opératoires du sujet qui énonce.

> Il y a ainsi un savoir propre au texte, un savoir du texte : « Oui, il faut affirmer, en face d'un non-savoir, un savoir du texte : le « savoir du symbolique », à définir comme le savoir psychanalytique ou, au mieux, comme la science du déplacement, au sens freudien du terme. Il est évident que le « savoir du symbolique » ne peut être positiviste, puisqu'il est lui-même pris dans l'énonciation de ce savoir.[88] »

L'énonciation, c'est en effet cette activité incessante, fondée sur tous ces dires, tous ces discours qui nous assaillent. Retravaillant des symboliques, des formulations. Actions du discours. Actions dans le discours. Schématisations usuelles. Ainsi, notamment, le raisonnement discursif pourra procéder de la mise en évidence de propriétés pour établir l'existence de faits ou inversement, développer les propriétés qu'autorise la présence de faits déjà établis. Le parcours des arguments se traduira alors selon différents types d'ordres composant une ou plusieurs des modalités suivantes : existence, nécessité, probabilité, possibilité, impossibilité, non-existence. *Raisonner, argumenter, cela revient à élaborer des*

[87] Borel, M.J. (1974), *Raisons et situation d'interlocution*, in « Revue européenne des sciences sociales », Vol. 12, No. 32, p. 82.
[88] Barthes, R. (1981), *Le grain de la voix,* Paris : Seuil, p. 226.

inférences. Sans doute, doit-on distinguer entre inférer et « donner des raisons » : un « bon » raisonnement n'est pas autre chose que celui qui atteint son but.

> *Exemple :* « Le récit de ceux qui se sont fait plumer par les banques est saisissant. Leur combat pour récupérer leurs biens est inégal mais, comme le montre bien cet article, les victimes ne doivent pas baisser la tête. On gagne toujours si on pose les bonnes questions.[89] »
>
> *Commentaire :* [Pour les épargnants piégés dans l'escroquerie de Madoff, l'assignation en justice des banquiers est déjà une première victoire]

Revenons alors aux questions initiales :

- Comment le sens est-il construit par le discours ?
- Et s'il y a construction, quels types d'actions, cela suppose de la part du sujet énonciateur ?
- Peut-on définir ces actions en termes d'*opérations*, les unes de la pensée, les autres propres au discours, et les composer en schéma général de ces stratégies qui interviennent dans la plupart des discours ?
- Comment analyser alors « logiquement » un discours ?

Le sens du discours

Sans doute, faut-il ici revenir à la question du sens. Le sens, comme le dit Antoine Culioli[90], c'est la relation qu'on établit en posant les termes constitutifs d'un énoncé. Ainsi, les relations composées entre propositions d'un discours, vont faire que ce discours sera « compris » et qu'il aura sens quelque part, au moins pour un certain auditoire, un certain lectorat. Le sens d'un

[89] RD, *Le Monde,* 8 janvier 2010.

[90] Culioli, A. (1976), *Recherches en linguistique, transcription du séminaire de DEA*, Paris : Université Paris 7.

discours est donc constitué par ces « mises en présence » instaurées entre termes d'abord, entre propositions ensuite, composant le discours, et à la condition que cet arrangement soit reconnu comme significatif, « logique », autrement dit, qu'on puisse en comprendre et en suivre les marques : mots, relations entre mots et entre phrases. *Le sens est donc un processus global fondé sur la composition de significations.*

La signification

La « signification », c'est en effet, la construction par le discours, du fait même de ces agencements, d'un réseau de références et d'interprétations auquel le discours va renvoyer. La référence sera toujours tributaire de ces constructions du sens qui vont se faire grâce aux marques du langage et assurer relation entre ce dernier et la « réalité ». Par exemple, le « sujet » d'une phrase, par sa place dans la phrase et à proximité d'un verbe, indiquera qu'il est l'auteur de l'action exprimée par ce verbe, et en même temps, imposera de considérer certaines conditions de connaissance permettant de juger si cette action avec ce sujet est vraisemblable, admissible, etc, surtout si elle renvoie bien à une certaine réalité du monde.

Bien sûr, un discours vise toujours une certaine « réalité extérieure », mais cette réalité n'est jamais une donnée primitive que l'on pourrait évoquer comme telle, même si certains discours feignent de le croire. « Dans un mode réellement renversé, le vrai est un moment du faux[91] », écrivait Guy Debord. C'est en fait une « ressource fictive » que le discours va se donner et qu'il pourra « travailler » en lui donnant plus ou moins de valeur, en la négociant au prix des contradictions :

> *Exemple :* « Comment prétendre vouloir tuer des terroristes en recourant à une intensification des raids de drones sur le Waziristan et vouloir en même temps que le jeune Nigérian Abdulmuttalab soit jugé par un tribunal civil américain lui

[91] Debord, G. (2006), *La société du spectacle*, *Œuvres*, Paris : Gallimard.

accordant les mêmes droits qu'un vulgaire braqueur de banques ? »

Commentaire : « Peut-on faire la guerre en étant de gauche, ou en le restant ? [...] De quelle guerre « préventive » s'agit-il donc là-bas ? » [92]

[contradiction : être de gauche et faire la guerre...]

C'est là que réside le « sens » du discours : produire et instaurer d'autres significations. C'est là qu'en logique naturelle, intervient le jeu des arguments : jeu au sens de placements, déplacements, re-constructions de significations, actions sur les références, mais jeu aussi sur les « distances » que le langage permettra ainsi de prendre vis-à-vis de ces références.

Les arguments d'un discours traduisent donc des actions plus ou moins contrôlées par le sujet énonciateur sur les références qu'il voudra assurer à son discours.

Exemple : « Etre français, c'est tartiner avec délicatesse une fine part de camembert sur une tranche de pain croustillant, le tout accompagné d'un bon rouge qui tache. » [93]

Commentaire : [La définition « être français » se légitime par l'ancrage dans ces produits spécifiques que sont le camembert et le vin rouge ordinaire]...

Ces jeux sur les représentations vont s'opérer au travers de jeux sur les marques linguistiques dans le discours : formes de présence des mots entre eux et types de compositions et de mises en relation des propositions. Ainsi, à chaque fois, se construisent des arguments orientés vers une certaine « logique ». Chacun sait qu'il n'existe aucune « vérité » du monde admise par tous — même dans la foi, mais il existe des « vérités partielles » à propos

[92] Clemenceau, F. (2010), *Président de combat en restant de gauche*, Le journal du dimanche, 10 janvier.
[93] Ribaut, J.C. (2010), *Pulsions identitaires dans les assiettes*, Le Monde, 9 janvier.

desquelles il peut y avoir consensus. Argumenter c'est agir sur ces vérités partielles en vue de les renforcer ou de les mettre en cause, en essayant de valoriser ou d'atténuer les significations qui leur sont associées.

En résumé, le sens d'un discours ne s'identifie pas à sa forme bien que celle-ci y contribue. Il ne s'explique pas plus par la seule considération des circonstances entourant son apparition, bien que celles-ci puissent l'éclairer. *Le sens d'un discours c'est le type d'objets qu'il construit et auxquels il va donner signification, autrement dit un statut, d'une part en les affectant de modes d'existence en situations, d'autre part en les référant à d'autres objets du monde, supposés connus, ou reconnus par certains types d'auditoires*. Lesquels « objets » peuvent être aussi bien des objets physiques que des acteurs sociaux, des situations, des événements, des idées, des croyances. *Discourir, argumenter, c'est donc agir.*

Tout discours est ainsi un ensemble d'actions mises en place par son sujet, les unes nécessaires, les autres possibles. Nécessaires puisque le sujet doit tenir compte des contraintes du langage qu'il emploie : les structurations du langage doivent contribuer à ce le discours soit reconnu comme appartenant bien à ce langage. Possibles encore sous la forme de jeux sur ces contraintes du langage : jeux sur les places des termes et les modes d'enchaînements et de relations entre propositions.

Les jeux du discours

La relation du langage au monde, du discours à des sens, ceux qu'il s'approprie et ceux extérieurs, s'opère toujours au travers de deux aspects essentiels et complémentaires du fonctionnement langagier :

- lorsque je parle, je peux *désigner* une « chose », la nommer,

- je peux aussi jouer de cette désignation, l'utiliser comme signe pour *montrer* « autre chose », constituer une autre image.

Dans le premier cas, mon but est de marquer une correspondance directe entre le mot et la chose, d'enfermer celle-ci dans le mot. Dans le second cas, je vais jouer de cet enfermement en déplaçant les frontières de la désignation pour « donner à voir autre chose ». Autrement dit, je peux aussi bien me « tenir à distance » d'une correspondance stricte entre chose et signe que jouer des ambiguïtés ou polysémies entre mot et sens, c'est-à-dire aussi bien montrer des « images » qu'imposer une signification à autrui en désignant. Notre activité langagière quotidienne n'est possible que grâce à cette capacité permanente de limiter des significations ou au contraire, d'en développer en tirant parti des plasticités sémantiques des mots et des combinatoires admissibles entre ces mots.

Ce jeu n'est possible — je l'ai dit — que dans l'imbrication de deux univers : le *linguistique* et le *pragmatique.*

Le premier, c'est le *système de la langue*, fondé sur les régularités qui constituent une langue et que décrit partiellement la grammaire : place du sujet, rôle des verbes, rôle des compléments, etc. Tout discours pourra ainsi être d'abord considéré comme ensemble de rapports de marques. Ces marques vont contribuer à construire dans le discours des *repérages* de sens, des *parcours cognitifs* qui vont guider le lecteur ou l'auditeur vers une compréhension.

Le second système, le *pragmatique,* c'est le système constitué de toutes les pratiques de langage qu'on peut observer dans la vie sociale, de toutes les conventions du discours ou de l'expression que l'usage fait admettre ou que les circonstances imposent : rhétoriques sociales, codages discursifs, repérages communs.

Le premier système doit être considéré en termes de contraintes fonctionnelles : il s'agit de respecter les règles de structuration du langage et de l'expression pour que le discours soit reçu comme compréhensible voire cohérent, mais pour que ce discours puisse aussi « fonctionner » dans un certain domaine, il lui faut respecter les conditions assurant que ce qu'il avance sera reconnu comme légitime, c'est-à-dire « expression » de ce domaine. Ces conditions, ce sont les conventions modulées (*rhétoriques*) que toute langue connaît et qui font qu'on pourra à l'intérieur de cette langue distinguer des types de langages opérant comme des « codes »[94].

Selon l'univers social concerné et visé par le discours, on aura en effet des façons plus ou moins stables de nommer, de désigner des choses, des situations ou des notions, des modes aussi de s'exprimer, de « montrer des images », d'évoquer des sens, des situations. Ce sont l'usage, l'histoire, la vie sociale qui fondent les manières de dénommer et de s'exprimer.

Discourir, argumenter, cela va donc consister à jouer sur les places qu'on accordera aux mots, aux expressions, créer en conséquence d'autres sens. « Interpréter », « comprendre », c'est savoir repérer ces distances créatrices de nouveaux sens, établies entre les références « extérieures » et les représentations qu'en propose le discours sous formes d'*images* d'objets et de situations. Ce que tente de résumer le schéma suivant :

[94] « Ni interne ni externe, la langue est ainsi un lieu du couplage entre l'individu et son environnement, parce que les signifiants sont externes [...] et les signifiés internes (bien que construits à partir d'une doxa externe). Comme le langage fait partie du milieu dans lequel nous agissons, c'est dans des pratiques diversifiées, dont témoignent les discours et des genres, que nous nous lions à notre environnement. » Rastier, F. (2006), *Marges linguistiques*, No. 11.

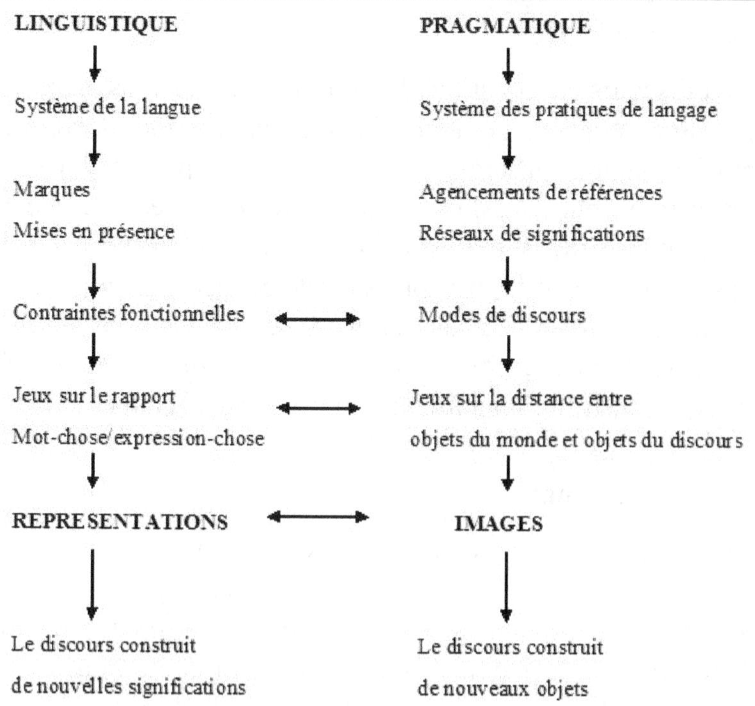

JEUX DES PLACEMENTS / JEUX DES ARGUMENTS

ARGUMENTER

Ce schéma traduit trois types d'actions simultanément présentes dans le discours :

1. Le sujet énonciateur dit ou écrit

Les contraintes spécifiques au langage et l'intention de composer ce langage en vue d'un certain projet de sens vont conduire le sujet à « travailler » linguistiquement sa pensée, à en tisser les relations conceptuelles. Cela va notamment se traduire dans les reprises voire les répétitions successivement introduites dans le discours. La pensée (visée cognitive) commandera le dire et ce dire ou cette écriture vont orienter ou moduler cette pensée. Cela va encore se traduire sous forme de « distances » dans l'expression.

2. Le sujet distancie

Tout discours est constitué d'une trame de relations entre mots, entre phrases, qui va permettre la construction d'un univers conceptuel (cognitif) propre à ce discours. Cela par un jeu sur les significations, mais aussi par un jeu entre ce qui sera marqué et ce qui sera non marqué linguistiquement, et donc par un jeu sur les formes et les modalités d'expression de ce discours en regard des conventions inscrites dans d'autres discours vis-à-vis d'univers communs. À chaque fois ainsi, un nouvel univers de significations sera construit : un autre schéma de représentation.

3. Le sujet schématise

Même décrivant une situation, un événement ou exposant une conception, le discours en fait reconstruction. Il y a toujours distance instaurée par le discours entre objets du monde et objets « définis » dans et par le discours. Tout discours construit des images, des idées, produit des « objets » nouveaux et donc il y a toujours un jeu de l'expression sur l'écart entre ces objets du discours et leur référence extérieure, et par là, création effectivement de significations nouvelles avancées comme arguments.

Tout discours en résumé, est ensemble d'actions sur :

- le système du langage qu'il utilise,
- sur le monde à travers ce qu'il choisit d'en dire,
- sur les « objets » nouveaux qu'il construit ainsi,
- sur les significations qu'il crée donc et qui vont constituer *arguments* pour d'autres discours.

Ces actions du discours vont se manifester sur deux plans :

- l'ordre du penser ce qu'on veut dire ou ce qu'on peut dire,
- l'ordre du comment le dire, à savoir comment composer un discours en fonction des contraintes de la

langue, des conventions rhétoriques et des circonstances ou situations motivant le discours.

L'ordre du penser, c'est le *cognitif* : celui qui fonde connaissance. Le rôle cognitif du discours réside — répétons-le — dans l'attribution d'espaces de sens et de champs d'action aux objets qu'il construit. Ce qui leur procure des « formes de réalité ». « Effet de réel » qui joue sur la distance entre les objets tels qu'ils sont présentés par le discours et leur existence extérieure telle qu'on peut la penser. Cela a pour conséquence que tout discours, dès le moment où il a été prononcé ou écrit, se voit détaché de son sujet énonciateur et acquiert autonomie, ce qui lui permettra d'agir sur les discours à venir. On ne peut concevoir ainsi l'activité langagière sans comprendre cette action incessante de déplacement des distances entre sens des énoncés (*le construit)* et signification sociale de ces énoncés *(l'opérant),* autrement dit : le « glissement » entre signes linguistiques et objets de ces signes, entre mots et images du monde.

Ainsi, le *pragmatique* peut-il être considéré comme recouvrant toutes ces opérations qui, tirant parti du système des régularités de la langue, vont aussi bien assurer des repérages de significations à partir des marques linguistiques que la reconnaissance sociale des types de discours, à l'intérieur des registres rhétoriques propres à chaque fois, à une culture.

Le cognitif et le langagier

Il y a donc bien imbrication permanente entre le penser et le dire, le discourir. Le langage, mettant les mots à la place des choses, les mots à la place des mots, nous offre quotidiennement pouvoir de représenter les objets du monde et d'agir symboliquement sur ces objets en agissant sur leurs représentations. Le rôle fondamental du langage est dans cette réorganisation continue de l'information qu'il nous permet. Cela effectivement parce qu'il est doté de cette capacité d'opérer sur lui-même en recombinant constamment ses agencements et d'agir en conséquence sur les propriétés des objets et les situations que ces objets caractérisent.

> *Exemple :* « Désormais, il nous faudra également compter avec une femme voilée, laïque et féministe, qui défend l'avortement et la cause homosexuelle ! Cherchez l'erreur…, car le voile signifie la soumission à une religion […] qui n'autorise pas l'avortement, le suicide ou l'euthanasie. Une religion qui criminalise la relation homosexuelle. [95] »
>
> *Commentaire :* [contradiction : le voile est signe d'une religion qui interdit tout ce que défend cette candidate aux élections régionales de 2010]

Ces « objets du monde », dans le moment même où il les présente ou les reconstruit, le discours les catégorise, en fait des « quasi-entités », des *notions,* travaillant ainsi à cette « anthropologie du quotidien » dans laquelle le langage nous plonge sans

[95] Onfray, M. (2010), *Le Nouveau Parti anticapitaliste, ou la schizophrénie en bandoulière*, *Le Monde*, 20 février.

cesse. Il y a ainsi, au-delà de nos grammaires syntaxiques ou scolaires, une véritable *grammaire cognitive* dans le langage.

Une « grammaire cognitive » du langage ?[96]

La linguistique, « domaine central » dans les études sur la cognition ?

Je définirai donc la « cognition » comme désignant l'étude des fonctionnements de l'intelligence humaine, et plus récemment artificielle, fonctionnements analysés à partir de leurs manifestations observables et interprétables du double point de vue de leurs stabilisations et de leurs genèses. Il s'agira des activités et processus de perception, de mémorisation, des conduites de planification dans l'action, des phénomènes d'apprentissage et surtout, du langage en tant que système fondateur de nos expressions symboliques » supérieures » et socialisées.

C'est dire que l'étude des formes et régulations de la production linguistique me semble ce domaine empiriquement central autour duquel pourraient échanger une grande part des recherches actuelles consacrées à l'analyse de nos cognitions, à condition bien sûr de devoir réviser quelques postulats actuels sur le « symbolique » et ses « niveaux », lesquels postulats semblent malheureusement avoir la vie dure.

L'histoire de la « science linguistique » et ses avatars

Un premier ensemble de difficultés concerne le choix du type d'*observable* et la spécification des méthodes qu'implique une approche « langage-cognition », c'est-à-dire lorsqu'il s'agit d'analyser en quoi et comment le langage nous est moyen et sup-

[96]« Mettre en lumière les implications profondes de la langue et du discours, autrement dit : relier ses modalités et ses dynamiques expressives aux, aux intentions stratégiques de l'interlocuteur, tel est l'objet notamment des « grammaires cognitives ». Le langage est ici analysé comme activité symbolique inscrite dans un environnement complexe. Tel est celui également des recherches visant à identifier et spécifier les propriétés formalisables des langues naturelles en vue de leur modélisation. » *Les sciences de la cognition*, in « Les chemins de la science », Paris : CNRS, 1992.

port de connaissance, et quelles relations entretient-il de ce fait, avec nos perceptions.

Quelle place alors accorder à la « grammaire » et à la tradition grammaticale ? L'important, est-ce « la langue » et sa syntaxe en tant que système régulateur et « ordonnateur » ? Ou doit-on au contraire, considérer qu'un ou plusieurs « niveaux » d'analyse s'imposent ici, à dissocier de « la langue » et qui seraient, entre autres, « le langage » voire le « métalangage », ce dernier supposé traducteur des couches d'agencements sémantiques plus ou moins intégrées aux différentes catégories de nos actions sur le monde ?

Il est manifeste qu'ici, rien ne s'éclaire sans un bref parcours des « histoires » de la linguistique. Communément on fait remonter l'origine de celle-ci aux années 1800-1830 lorsqu'apparaît le terme et qu'en particulier, on se met à avancer l'idée de *grammaire comparée*, laquelle serait seule apte à fonder une « science » du linguistique. Cette datation originaire est soutenue tout au long du XIXe siècle, affirmée avec force, notamment par Whitney[97], et la même année, par Bréal[98]. Saussure, Meillet et plus tard Bloomfield procéderont de même. De fait, les linguistes du XIXe et du début du XXe siècle ne choisiront dans le passé que ce qui semblait justifier leur préoccupation des phénomènes d'évolution des langues. La linguistique n'était pour eux que la science des changements linguistiques et sa vocation devait être historique.

C'était en vérité, occulter un vaste savoir remontant à plus de deux millénaires où l'on trouvait de tout certes, mais déjà, la fondation de concepts essentiels, telles les notions de transcription phonétique ou de syllabe dans le monde sémitique et chez les Grecs, associées à nombre de développements fructueux sur l'analyse et la classification des unités de première articulation.

---

[97] Whitney, W.D ([1875] 2005), *La vie du langage*, Paris : L'Harmattan.

[98] Bréal, M. (1877), *Mélanges de mythologie et de linguistique*, Paris : Hachette.

Ainsi, à travers tout le moyen âge, va se perpétuer le savoir grammatical grec en même temps que se construiront de nouveaux alphabets adaptés aux langues jusqu'alors sans écriture. Les XVe et XVIe siècles, époques de l'imprimerie et des voyages de découverte, multiplient les grammaires descriptives, les dictionnaires et les réflexions sur les langues. Les XVIIe et XVIIIe siècles vont enrichir ce catalogue des langues recensées, en fondant les principes du comparatisme. Cette entreprise sera confortée au XIXe siècle par la découverte du sanscrit dont le parallélisme morphologique avec les langues classiques va fournir les bases essentielles à la grammaire comparée des langues indo-européennes. Friedrich et Wilhelm Schlegel puis Frantz Bopp et Wilhelm Humboldt[99] contribueront alors, à l'avènement d'une linguistique qui selon le mot de Bopp, et en opposition à la philologie classique, étudie les langues pour elles-mêmes, c'est-à-dire comme objets et non comme moyens de connaissance. Ce comparatisme, à l'origine préoccupé de définir les parentés génétiques entre les langues, évoluera peu à peu vers une linguistique historique se donnant pour vocation d'expliquer l'évolution continue des formes linguistiques d'une langue (ou d'une famille de langues) à travers la totalité de son histoire attestée. Cette évolution sera achevée vers 1876 avec le mouvement néo-grammairien (Martinet)[100].

La linguistique du XXe siècle prend naissance dans les travaux de Whitney, de Baudouin de Courtenay, ou de Peirce (1839-1914)[101], lesquels vont préparer un véritable renversement des

---

[99] Humboldt, Willem von,
- Trad. Pierre Caussat, *La langue source de la nation*, Mardaga, 1996.
- Trad. Denis Thouard, *Sur le caractère national des langues*, Seuil, coll. Essais, 2000.

[100] Martinet, A. (1960), *Éléments de linguistique générale*, Paris : Armand Colin.

[101] Peirce C. S, (1931-1935), *Collected Papers*, Cambridge : Harvard University Press. Une édition des œuvres de C.S.Peirce est en cours sous la direction de C. Tiercelin chez CERF. Trois volumes sont déjà parus :
- *Pragmatisme et pragmaticisme*, 2002.
- *Pragmatismes et sciences normatives*, 2003.

points de vue : au lieu de définir la linguistique comme science historique étudiant l'évolution des langues, ils vont la présenter comme *une science sociale dont l'objectif premier est d'analyser le fonctionnement des signes linguistiques*.

Cette entreprise connaîtra son apogée avec la *linguistique structurale* dont le programme peut se résumer aux principes suivants :

(i) une langue est un système où toute unité ne se définit que par ses relations avec les autres unités du système;

(ii) les faits de langue ne sont identifiables qu'à partir de leur *pertinence*, c'est-à-dire du rôle qu'ils jouent dans le fonctionnement de la langue;

(iii) les unités linguistiques sont des unités discrètes;

(iv) rien n'est linguistique qui ne corresponde à une réalité immédiatement perceptible;

(v) la recherche linguistique doit nécessairement distinguer entre le point de vue diachronique et le point de vue synchronique, c'est-à-dire respectivement, entre les états de langue et les phases d'évolution.

Ce renversement descriptiviste, induit outre-Atlantique par le souci de décrire les langues amérindiennes, s'est exprimé au travers des œuvres de Boas, de Sapir et de Bloomfield (1887-1949)[102]. En Europe, la figure centrale est celle de Saussure, relayée un peu plus tard par celles de Jakobson et de Troubetzkoy, animant les travaux phonologiques du Cercle linguistique de Prague. La seule entreprise visant alors, à axiomatiser la théorie du langage est celle de Hjelmslev avec sa « glossématique ».

Au cours des années cinquante, le mouvement va s'amplifier et de nombreux chercheurs, dont Pike, Joos, Hockett et surtout Har-

- *Écrits logiques*, 2006.

[102] Bloomfield, L. ([1914) 1983), *An Introduction to the Study of Language*, New York : Henry Holt, John Benjamins.

ris (1909-1992)[103], vont tenter de construire une théorisation globale de ce descriptivisme, sans toutefois parvenir à y intégrer la perspective diachronique. En France, André Martinet élabore dans les années soixante, une œuvre qu'il qualifie encore de structuraliste, mais qui vise à définir un *fonctionnalisme* considérant les unités linguistiques du point de vue du rôle qu'elles jouent dans la communication. Ces unités ne sont pas alors groupées selon leurs affinités physiques ou sémantiques, mais selon leurs statuts dans l'économie de la langue. Le terme de *fonction* renvoie ainsi, d'une part, aux rapports grammaticaux existant entre les éléments de la chaîne, et, d'autre part, à une considération des faits de langage seulement dans la mesure où ils contribuent au fonctionnement de la communication.

Ainsi, avec Martinet, la problématique sémantique se retrouvait d'une certaine façon, réhabilitée, mais la conjoncture historique du travail de Martinet était aussi celle de l'émergence, dans les années soixante-dix, de la grammaire générative puis transformationnelle de Chomsky, laquelle signifiait un retour en force du synchronisme et surtout, du vieux débat entre empirisme et rationalisme, sous la forme en particulier de cette opposition qui depuis, s'est avérée stérile entre *l'inné* et *l'acquis ;* débat qui me semble encore sous-jacent à bien des oppositions récentes en sciences cognitives.

Empirisme et rationalisme : un débat résurgent

Qu'on se souvienne en effet, des controverses qui entourèrent l'entreprise chomskienne quant à son inscription véritable ou non, dans une tradition rationaliste, « précisément cartésienne » voire dans la continuité de la grammaire générale de Port-Royal (Chomsky)[104]. Les arguments échangés à cette époque, furent

[103] Harris, Z. (1960), *Structural Linguistics*, Chicago : University of Chicago Press.
[104] Chomsky, N. (1969), *La Linguistique cartésienne* suivi de *La Nature formelle du langage*, Paris : Seuil.

souvent confus, parfois proches du contresens historique[105]. On aurait pu ainsi faire remarquer que la thèse chomskienne d'une *faculté* spécifique pour expliquer les phénomènes linguistiques était précisément le contraire de ce qu'expose Descartes dans son *Discours de la méthode* et que c'était un curieux rationalisme que celui qui consistait à exclure la raison au profit d'une » faculté » impossible à définir de façon cohérente sinon *ad hoc*[106]. Ce même paradoxe se retrouve chez Fodor, dans sa conception d'une « modularité de l'esprit »[107].

À vrai dire, l'idée même d'une tradition rationaliste dans l'analyse linguistique demeure ambiguë. Selon les auteurs, tantôt il est fait référence à la grammaire générale tantôt cette tradition prend argument de la philosophie transcendantale. Ainsi, Husserl recherche les éléments *a priori* qui détermineraient toutes les langues et se propose par là, de ressusciter l'idée classique de grammaire universelle. Dans les deux cas, la thèse selon laquelle les activités humaines seraient gouvernées par une faculté rationnelle universelle est trop générale pour s'avérer féconde. D'où ces débats souvent vains afin de déterminer si la linguistique est une science, s'il y a du nécessaire dans le langage humain ou si encore, l'analyse linguistique peut ou doit devenir une discipline formelle.

Chez les Anciens, tel Aristote, la possibilité pour la « grammaire » d'être ou non une science n'était pas une question. C'est seulement à partir des modistes que s'introduit le postulat de la grammaire comme « science raisonnée des principes immuables et généraux de la parole prononcée ou écrite[108] ». Conjointement,

---

[105] Barre-De Miniac, C., Manesse, D. (1979), *Théories du langage — Théories de l'apprentissage : le débat entre Jean Piaget et Noam Chomsky*, Paris : Seuil, in « Recueil du débat épistémologique sur la nature du langage organisé par Jacques Monod et regroupant divers horizons scientifiques. »

[106] Auroux, S. (2004), *La philosophie du langage*, Paris : PUF.

[107] Fodor, J. (1983), *The Modularity of Mind : An Essay on Faculty Psychology*, Boston : MIT Press.

[108] Auroux, S. (2004), *op. cit.*

reprend force la conception cartésienne du statut de la pensée comme *représentation :* l'idée et ce qu'elle représente ne sont pas de même nature. En conséquence, la scientificité de la grammaire reposerait sur la nature de cette « pensée » dont la structure serait indépendante du monde. On doit bien supposer alors l'existence d'une sorte de « faculté rationnelle » qui serait à l'œuvre en permanence et qu'il faut admettre comme « innée » faute d'en prouver la véracité. C'est ici que surgissent les difficultés : Comment rendre compte du *relativisme linguistique*, de ce que Witgenstein nommait les *formes de vie ?* Les propriétés « scientifiques » du langage lui sont-elles intrinsèques ou relèvent-elles simplement de la méthode d'analyse qu'on lui applique, éventuellement empruntée à d'autres sciences ?

En vérité le rationalisme linguistique moderne n'a guère réussi à surmonter ces interrogations, sinon sous forme de pétitions de principe, baptisées tantôt *mentalisme* tantôt *innéisme* tantôt encore *créativité.*

Le *mentalisme* fait figure d'élément-clé du rationalisme, s'appuyant sur la thèse classique selon laquelle le langage serait la représentation de la pensée. Un cartésien « pur » s'intéressera ainsi essentiellement aux « idées » et secondairement, au langage en tant que celui-ci puisse être l'expression arbitraire de ces idées. Fodor, de la sorte, avancera que seul le contenu propositionnel est important. La position du rationalisme philosophique est donc que la structure représentationnelle de la pensée repose essentiellement sur le langage, lequel traduit l'expérience, conformément à une sorte de « spontanéité de l'entendement » (Auroux). Cette conception peut amener à réduire les actes de langage aux formes d'un « calcul mental des intentions » ou encore, à soutenir comme Fodor, l'existence d'un « langage mental » indépendant et qu'aucun langage naturel ne pourrait représenter, mais dont il est nécessaire de postuler l'existence si l'on croit que l'activité langagière est le résultat d'un calcul. Ce « langage mental » considéré comme un universel, expliquerait la traduction et cette possibilité, après tout aisée, du passage d'une langue à l'autre. De la sorte, en même temps, on sauverait le postulat de *l'innéisme,* lequel joue le rôle d'auxiliaire fondamental des thèses rationalistes.

L'*innéisme* est ce sur quoi les théories chomskiennes ont le plus insisté. Le débat classique a toujours opposé les contraintes d'apprentissage à la thèse génétique. Ce que les chomskiens apportèrent de nouveau, ce fut l'idée de rattacher cette « structure innée » aux universaux et à une nature humaine commune au-delà de la diversité des langues, arguant du fait qu'il est impossible de rendre compte par le simple apprentissage, de la capacité de l'enfant à acquérir la généralité d'un maniement linguistique Là encore, on attribuait la paternité de cette observation à la pensée cartésienne, du moins à la lecture qu'on voulait bien faire de Descartes : toute conduite humaine supposant l'aptitude à s'adapter à des situations nouvelles, la » raison » seule, au sens de faculté *innée,* pouvait être cet instrument universel capable d'expliquer le phénomène.

D'où le débat fameux, aujourd'hui oublié, entre Chomsky et Skinner, ce dernier défenseur de l'hypothèse behavioriste du conditionnement selon laquelle on peut associer une expression linguistique à une réponse non linguistique suscitée par un stimulus externe. Ainsi « pomme » référerait aux pommes parce qu'il existe une réponse non verbale dont la probabilité est accrue par la présentation de pommes et l'énonciation de « pomme » ferait accroître la probabilité d'apparition de cette réponse. En vérité, autant la thèse chomskienne outrait alors le « péché » skinnérien, autant peut-on être sûr aujourd'hui, que le comportement linguistique n'obéit guère à des phénomènes de conditionnement : la puissance du langage réside précisément dans cette possibilité d'utiliser les mots hors de la présence des choses. Le débat était faux ; les arguments chomskiens eux-mêmes, trop rapides. Si l'innéisme fut défendu avec pertinence, ce fut plutôt grâce à ce qu'on a nommé « l'argument de Goodman ».

Nelson Goodman a montré qu'on peut construire des prédicats incompatibles, susceptibles de recevoir une définition empirique[109]. Ainsi en va-t-il des émeraudes auxquelles on peut appliquer le prédicat « green » et le prédicat « grue », lequel s'applique à toutes les choses examinées si elles sont vertes, mais qui s'applique aussi à toutes les autres choses seulement si elles sont bleues. Cet argument fit longtemps le bonheur des générativistes, certains concluant que pour choisir un prédicat, il fallait une hypothèse non donnée par l'expérience. De la sorte, ils ne faisaient que retrouver l'argument kantien de la préface de la première *Critique ;* ils oubliaient encore que s'il faut des conditions non données par l'expérience pour engendrer des hypothèses, nos préjugés personnels remplissent aisément ce rôle-là au quotidien. De surcroît, cette thèse commune au rationalisme, selon laquelle une connaissance universelle ne peut avoir l'expérience pour origine, ne peut constituer une preuve pour l'innéisme. L'innéité n'est ni une condition nécessaire ni une condition suffisante pour l'universalité : d'une part, il y a manifestement, des traits qui ne sont pas universaux à tous les êtres, et d'autre part, il est fort problable qu'il existe de l'universel qui ne doive rien à l'inné, mais au contraire, à des fonctions d'adaptation au monde, par suite, à des conditions du monde. Certaines propriétés réputées universelles ne sont souvent que des propriétés tributaires des systèmes eux-mêmes, indépendamment même des conditions d'emploi de ces systèmes. Ainsi peut-on soutenir avec Putnam, que « la grammaire d'une langue est une propriété de la langue, mais non pas une propriété du cerveau.[110] »

Dernier argument chomskien : celui de la *créativité* du langage, laquelle attesterait de l'existence de « règles » proches de la notion d'algorithmes de réécriture, permettant des engendrements analogues à ceux de la suite des entiers naturels. L'idée était séduisante : elle fournissait un procédé simple pour rendre « calcu-

---

[109] *Of Mind and Other Matters*. Cambridge, MA : Harvard UP, 1984.

[110] Putnam, Hilary, *Raison, vérté et histoire,* Paris, Minuit, 1984 ; Cambridge University Press, 1981.

lable » la grammaire des langues naturelles. Néanmoins, cela imposait des contraintes très fortes sur la notion de « règle de grammaire ». En vérité, la créativité que les chomskiens avaient cru découvrir, ne se ramenait qu'à la possibilité de combiner les quelques milliers d'unités significatives que possède chaque langue. Cela n'a rien de mystérieux et fait partie intégrante des capacités mêmes du linguistique en tant que « système ». Combiner en matière de langue est à la disposition de tous, et si je dis maintenant « ma voiture pense », en admettant que personne ne l'ait dit avant moi, je viens bien évidemment, de faire une création. Ce qui serait plus intéressant serait de savoir dans quelles conditions, il est possible d'inventer des « mots » sans être tributaires pour le faire, d'éléments sémantiquement préexistants, comme ce fut le cas des mots « gaz » en français ou « quizz » en anglais. Ce type de création est peu fréquent ; la créativité ordinaire consiste le plus souvent à composer des mots entre eux ou bien sûr, des énoncés de l'un à l'autre, lorsqu'il s'agit de discourir.

La « créativité du langage » n'a donc jamais été autre chose qu'un piètre argument à l'appui du rationalisme linguistique. Qui plus est, cette interprétation de la créativité par la récursivité, au sens chomskien, n'est guère compatible avec les propriétés élémentaires du langage naturel. Elle suppose en effet : (i) la grammaticalité de phrases de longueur infinie, sans quoi, l'ensemble des phrases d'une langue ne serait pas lui-même infini ; (ii) la fixité de la signification des mots au sens de l'indépendance de cette signification par rapport à tout locuteur. Et ce dernier point révèle encore mieux le simplisme de cette conception des rapports entre innéisme et créativité : il faut supposer un ensemble de départ fixe sur lequel opèreront les règles et si l'on choisit que cela se fera récursivement, le calcul rend sans doute l'innovation prédictible, mais tombe alors sous la menace de l'émergence des irrationnels, d'où l'incapacité de la grammaire générative à expliquer ce que les classiques nommaient les « figures du discours ».

En fait, le générativisme, comme toutes les tentatives de réduire l'activité linguistique à un calcul, était bien obligé de poser l'existence axiomatique d'une langue unique et homogène, laquelle serait intériorisée par tous les sujets parlants et fonderait leur « compétence ». Et sans doute, les exemples évoqués alors, à savoir, les phénomènes de standardisation des langues, liés à la normativité grammaticale, à la scolarité voire aux médias, prédisposent-ils à une crédibilité de la notion de « compétence » généralisée, mais cette rationalisation des formes de nos communications n'est en rien la preuve d'une « essence » de l'activité linguistique. Au contraire, elle induit à concevoir différents types de modèles nécessairement empiriques puisque fondés sur l'observation des émergences pratiques de nouvelles règles et de nouvelles structures linguistiques.

Les espérances d'un rationalisme « complet » se heurtent ainsi régulièrement aux interactions sociales, lesquelles fondent les modes historiques de la construction, du maintien et des évolutions de nos langues naturelles. Nos adeptes du rationalisme doivent bien admettre alors, qu'il existe quelque part, une vertu significative et nécessaire de l'empirique.

> **Application 1 :** *Cette nécessité ne signifie pas l'abandon de toute préoccupation rationaliste à des fins méthodologiques ; il s'agit au contraire, de se préoccuper des formes intelligentes d'intégration des facteurs empiriques dans la théorisation des phénomènes du linguistique.*

L'exigence d'une position rationnelle intégrant l'empirique

On ne doit pas en effet, conclure à l'impossibilité de rationaliser les faits de langage. Une condition s'impose néanmoins : celle de devoir chercher du côté des linguistes et des psychologues plutôt que vers les philosophes, du moins ceux qui, d'emblée, ont choisi d'ignorer la variation linguistique.

On sait qu'une majorité de philosophes, de Platon à Descartes, puis de Leibniz à Kant, ont considéré la connaissance comme dérivant d'idées et de principes innés, lesquels constitueraient la structure même de l'esprit : l'entendement et la raison, pensaient-ils, ne pouvaient provenir de l'expérience puisque celle-ci ne pourrait exister sans eux. Ainsi Leibniz insistait-il sur l'indépendance de l'entendement *(intellectus ipse)* par rapport aux données des sens, et Kant a fait des *catégories,* les conditions *a priori* de l'expérience scientifique.

On a vu les « déboires » générativistes auxquels une position rationaliste stricte a pu conduire. Néanmoins, l'aventure chomskienne a produit quelques effets heureux. Parmi ceux-là, la réévalution même du terme *grammaire,* celle-ci devenant à la fois un objet formel et un système en tant que tel, c'est-à-dire la représentation formalisée de la langue sous forme de *règles,* et par suite, une grammaire au sens ordinaire du terme. De même du *langage*, qui, grâce aux chomskiens, est redevenu à la fois un « système formel » et un objet linguistique usuel, porteur de processus qu'on peut décrire. Ces ambiguïtés du générativisme en fait révélaient une propriété plus essentielle du programme : *l'intrication entre le formel et l'empirique.*

Le fait qu'aujourd'hui, l'entreprise chomskienne n'a plus le succès qu'elle connut, implique trois conséquences méthodologiques non négligeables : la première est que toute formalisation en linguistique ne signifie rien d'autre qu'un souci de rigueur et d'objectivité dans l'explicitation de l'empirique ; la seconde, en conséquence, est que la littéralisation mathématisée en linguistique n'a de validité que par l'adéquation empirique qu'elle établit[111] ; la troisième enfin, concerne les moyens théoriques et empiriques qu'exige le traitement du langage et qui nous restent encore à construire.

En définitive, ce que doit se proposer la science du langage, c'est de « construire une littéralisation qui permette la taxinomie la plus complète, la plus fine et la plus économique possible ».

---

[111] Milner, Jean-Claude, *Introduction à une science du langage*, Paris: Le Seuil, 1989.

(Milner) Et cela suppose une réflexion approfondie non seulement sur les moyens rationnels de traiter l'empirique, mais encore de savoir déterminer quel type d'empirique, à chaque fois, il s'agira de retenir.

De même qu'il en a été du rationnalisme, les conceptions de *l'empirisme* ont souffert de nombre de variations sinon d'ambiguïtés. De Sextus Empiricus jusqu'à William James, la continuité est faible. En particulier, il faut se garder de confondre empirisme et sensualisme, et de croire que pour les empiristes, toute connaissance provient de la sensation.

Chez Hume, l'idée de cause ne vient pas de la sensation, mais d'une impression d'attente, tout intérieure[112], mais surtout, l'originalité profonde de Hume vient de l'insistance avec laquelle il affirme que *les relations sont extérieures à leurs termes*. Et cela est en opposition avec toute la tradition rationaliste, laquelle a toujours cherché à réduire le paradoxe des relations entre concepts soit en réduisant la relation à ses termes soit en la ramenant à un concept plus général ou « profond » qui la contiendrait. Si Jean est plus petit que Samuel, est-ce en vertu de quelque chose d'intérieur à Jean ou Samuel ou à « l'idée » dont ils participent ? Ce faisant, Hume demeure fidèle à la tradition empirique : tout trouve son origine dans le sensible et dans les opérations de l'esprit sur le sensible, mais il va opérer une inversion qui revalorise cet empirisme : si les idées ne contiennent rien d'autre que ce qui se trouve dans les impressions, c'est parce que les relations effectivement, sont extérieures et hétérogènes à leurs termes. Toute la différence porte donc, non pas sur l'opposition entre idées et impressions, mais entre deux types de distinctions : les impressions ou *idées de termes* et les impressions ou *idées de relations.* De la sorte, l'empirisme prend son véritable statut : celui d'une conception de l'*acte de connaissance comme établissant un rapport fondamental entre la pensée et « le dehors »*,

[112] Hume, David, *Enquête sur l'entendement humain*, trad. André Leroy, Aubier, Paris, 1947.

entre des termes qui ont fonction d'atomes et des relations jouant le rôle, en quelque sorte, de « passages externes »[113].

Mais qu'est-ce qu'une relation ? C'est ce qui nous fait passer d'une idée ou d'une impression à quelque chose qui n'est pas naturellement donné. La relation est elle-même l'effet de principes dits d'association, de contiguïté, de causalité et de ressemblance, et cela conformément à l'idée de « *nature humaine* », laquelle signifie que ce qui est constant ou universel dans l'esprit humain, ce n'est pas telle ou telle idée ou impression, mais seulement des procédés, des façons de passer d'une idée particulière à une autre.

L'apport de Hume ici est profondément original, s'agissant en particulier de définir la relation de *causalité.* L'affirmation que tout fait a une cause est considérée par la plupart des philosophes, comme résultant d'une exigence *a priori* sinon innée de notre raison. Pour ce faire, qu'exige notre raison ? L'établissement de rapports nécessaires entre les phénomènes, rapports qui vont permettre à l'esprit de les rendre intelligibles sous la forme purement « logique » de la cause à l'effet. Or souligne Hume, des rapports de ce genre ne peuvent être découverts entre ces termes hétérogènes que lie toute relation causale. Ce n'est pas parce que l'eau refroidit qu'on peut en déduire *a priori* qu'elle se transformera en glace. La causalité ne peut donc résulter de l'existence d'un rapport analytique et logique entre la cause et l'effet ; ce rapport est inconnu de celui qui affirme la relation causale.

Notre idée de causalité, dit Hume, vient en réalité, d'une *attente* d'un terme à partir de l'autre. Cette *attente,* ajoute-t-il, résulte de la répétition : ce n'est que parce que nous avons l'habitude de voir tels ou tels termes reliés que nous croyons en cette attente de la relation. Ce n'est au fond, qu'affaire d'expérience. En conséquence, la relation causale n'existerait que dans le sujet et ne pourrait s'expliquer qu'à partir de l'expérience qu'il fait de lui-

113 Deleuze, Gilles, *Empirisme et subjectivité. Essai sur la nature humaine selon Hume*, Paris : Presses Universitaires de France, 1953.

même. La raison et ses principes naissent ainsi de l'expérience et de notre propre nature, dotée de ce pouvoir d'expérimenter.

Ainsi, l'attitude empirique consiste à rechercher à la source de toute idée, l'impression dont cette idée dérive ; en revanche, il ne s'agit pas de diluer toute connaissance dans une subjectivité multiple. Au contraire : c'est reconnaître le tribut que doivent à l'expérience, les constructions de la raison. C'est postuler encore, à l'inverse des rationalistes stricts, que *tout « objet » résulte d'une construction de l'esprit exploitant à la fois les perceptions sensibles (cognitives) qui nous sont données, la mémoire, les associations d'idées et le raisonnement en vue, à chaque fois, de définir et de repérer un statut de cet « objet » par rapport aux autres objets du monde.* « L'objet » ne serait pas un tout que nous construirions au travers de l'addition de ses parties, mais une unité perçue, à partir de laquelle nous pourrons réagir sur telle ou telle partie. Ce que nous percevons, ce n'est pas une quelconque « qualité », mais à chaque fois, une mise en relation.

> **Application 2 :** *L'attitude empirique, proche du constructivisme qui est le mien, peut ainsi se définir comme consistant à valoriser ce pouvoir qu'a notre esprit de rassembler et de traiter les expériences pour les construire comme rationalités s'appliquant aux phénomènes.*

John Locke, mieux encore que Hume, s'est attaché à analyser ce processus général qui nous fait accéder à la connaissance[114]. Plus que d'autres, il s'est insurgé contre les métaphysiciens qui expliquent la constitution du savoir par l'existence dans l'esprit d'idées ou de principes innés et une certaine conception cartésienne et dogmatique de la raison. Pour Locke, faire un tel postulat, c'est nier d'avance toute conscience que nous pourrions avoir des corrélations réelles entre nos idées. Pour lui, c'est l'esprit de l'homme qui élabore ses propres notions, qu'il s'agisse de raison, d'identité et de non-contradiction ou de morale. Tous ces prin-

[114] Locke, J. ([1690] 2009), *Essai sur l'entendement humain*, trad. Pierre Coste, Paris : Le Livre de Poche.

cipes abstraits sont autant de produits de la réflexion de l'homme sur les *idées* qui lui sont fournies par l'expérience sensible. Par *idée,* Locke entend « tout ce qui est objet de l'entendement lorsqu'un homme pense »[115]. Ces idées sont donc des données de la conscience à partir desquelles l'esprit construit le savoir. Faute de pouvoir analyser les processus physiques ou métaphysiques par lesquels nos idées sont produites dans la conscience, il admet deux postulats : 1) les idées sont l'effet de processus corpusculaires allant des organes des sens et du cerveau à la conscience ; 2) les idées ont un rapport objectif avec le réel. On peut imaginer que l'idée soit « ressemblance » de la chose ; Locke va donc s'employer à établir en quoi *le travail de l'esprit consiste justement à modifier les idées en les mettant en relation les unes avec les autres*. C'est pourquoi il insiste sur ce fait que nos idées proviennent de deux sources : la sensation et la réflexion. *La sensation, c'est la fonction de la conscience qui nous fait saisir les impressions du monde ; la réflexion, c'est l'acte au travers duquel l'esprit connaît ses propres opérations.*

Cela implique deux types d'idées selon Locke : les unes provenant de la sensation, les autres de la réflexion. Les *idées simples* sont celles imposées par l'expérience sensible, sans intervention de l'esprit. Ce que ce dernier va opérer, c'est un travail de corrélation sur les données aux fins d'aboutir à la constitution d'*idées complexes.* Les idées complexes sont de trois sortes : des idées de *modes, de substances ou de relations*. Les *idées de modes* sont des représentations composées d'idées simples. Ainsi, l'espace pour Locke, ne constitue pas la nature des réalités matérielles ; il est la donnée sensible grâce à laquelle nous parvenons à concevoir, sous forme de combinaisons diverses, l'ensemble des rapports d'étendue et de lieu. Le temps tire son origine de la succession de nos états d'âme. Cette conception *génétique* des idées de temps et d'espace permet de réduire l'idée d'infini aux données de l'expérience consciente qui la constituent. Le seul infini que nous puissions concevoir est un infini numérique, lequel signale

[115] Duchesneau, F. (1973), *L'empirisme de Locke*, Lahaye : Springer.

les limites de notre entendement, plutôt qu'une quelconque transcendance à l'expérience sensible ; et cela est en conflit direct avec la métaphysique cartésienne.

Mais l'opposition la plus claire à cette métaphysique cartésienne, réside chez Locke dans la compréhension qu'il propose de l'idée de *substance.* Si nous partons, fait-il remarquer, des idées simples de sensation que nous avons — couleur, odeur, saveur, mobilité, solidité, etc. — nous pouvons constater qu'une distinction s'opère dans nos esprits lorsque nous analysons ces sensations des propriétés des objets. Ces propriétés apparaissent « secondes », c'est-à-dire relatives à nos perceptions, mais en même temps, nous découvrons que certaines de ces propriétés se révèlent appartenir fondamentalement aux réalités matérielles ; ce sont les *qualités premières* des objets : figure, étendue, solidité, mouvement ou stabilité. Ces propriétés demeurent stables quelle que soit notre approche de la réalité matérielle. Cependant Locke refuse d'admettre, comme les cartésiens, que l'idée d'étendue nous procure la conception de l'essence des réalités matérielles. Les idées de *qualités secondes,* pour lui, sont dépendantes des qualités premières des éléments de la matière, et pour attester de ce lien entre idées de qualités premières et idées de qualités secondes, il va recourir à l'idée de *pouvoir* (II,VIII, 23). C'est à l'intérieur des réalités mêmes qu'il y aurait des *pouvoirs* de produire des représentations de qualités secondes, et cela effectivement, à partir des qualités premières dont sont porteuses les particules élementaires de la matière. Cette notion de *pouvoir* induit une conception particulière de la substantialité et de la causalité.

> « L'esprit, remarque Locke, est tous les jours informé par les sens de l'altération des idées simples qu'il observe dans les choses hors de lui et il remarque comment l'une cesse d'être pour être remplacée par une autre qui commence à exister ; il réfléchit aussi sur ce qui se passe en lui-même, où il observe un constant changement de ses idées, soit par l'impression des objets extérieurs sur les sens, soit par une détermination de son propre vouloir ; et il conclut de ce qu'il a observé si constamment se produire, que les mêmes changements se

> produiront pour l'avenir dans les mêmes choses, par des agents similaires et de façon similaire ; il considère en une chose la possibilité d'avoir quelqu'une de ses idées changée, et en une autre la possibilité de produire ce changement ; ainsi parvient-il à cette idée que nous appelons pouvoir. » (III, XXI,1).

L'idée de *pouvoir* renvoie donc à l'expérience psychologique et perceptive, mais en inférant que nos sensations et perceptions sont traités objectivement dans la conscience, Locke affirme fortement *l'intervention d'une rationalisation dans nos processus de représentation du réel et de ses phénomènes.* Et même si la cause formelle de cette rationalisation nous est inaccessible, il n'en reste pas moins que tous les phénomènes de connaissance, toutes les idées dont notre esprit construit corrélation, s'inscrivent dans un certain ordre finalisé. À la façon même dont le médecin admet que les symptômes qu'il observe, s'inscrivent dans la rationalité du syndrome. Cependant, si l'observation des phénomènes nous conduit à constater l'existence de régularités, cela n'implique pas que ces régularités soient inscrites dans les objets ou dans nos habitudes de percevoir, comme l'aurait suggéré Hume. Elles sont simplement *indices de l'activité de notre rationalité traitant le perçu.* Locke, à la différence de Descartes, ne croit pas à l'idée d'une substance en soi, qui serait quelque notion obscure venant fonder la réalité des choses.

Il en est de même de la causalité que de la substance. Ce que nous appelons « causalité » fait remarquer Locke, ce ne sont que des connexions constantes de phénomènes dans le temps et qui ne s'expliquent que par des modalités de *pouvoir*, c'est-à-dire des représentations que nous construisons. Ce n'est pas dans l'essence des réalités que se trouve la cause réelle des variations de phénomènes, mais dans l'expérience psychologique que nous nous en faisons et qui fonde des relations causales. D'où le fait qu'au-delà des idées de cause et d'effet, l'essentiel résiderait selon Locke, sur une troisième catégorie, et la plus essentielle : celle des *relations.*

Les relations ont une caractéristique commune : elles s'établissent sur des connexions propres à l'esprit et perçues par l'esprit entre ses idées. Par suite, les relations d'espace, de temps, de lieu et d'étendue ne sont pas des absolus tirés de l'essence des réalités concernées : ce ne sont que des conjonctures de phénomènes. Dès lors, les êtres vivants n'acquièrent identité qu'à travers la permanence de leurs organisations et non des particules qui les composent. De ce point de vue, l'idée d'identité demeure toujours tributaire de la catégorie d'être à laquelle elle sera appliquée.

Pour Locke en définitive, *l'idée de toute réalité n'est que l'image qu'en perçoit l'esprit à partir des données de l'expérience.* Dès lors, c'est une fausse question que celle qui consiste à tenter d'inférer à partir du réel, un quelconque statut des essences ou des substances spirituelles. Les seules données de notre esprit sont toujours phénoménales. Qu'importe l'expérience cartésienne d'un « cogito » qui nous donnerait directement « contact » avec la nature de l'âme et avec l'essence des choses! Locke ne voit là qu'affirmation gratuite : ce qui pour lui « existe », c'est la seule expérience psychologique des opérations de conscience ; quant aux réalités matérielles, elles ne sont que les phénomènes que nous révèlent nos sens et qu'éventuellement, l'entendement nous permet de relier entre eux. Les « idées » n'ont pas de réalité hors de l'esprit qui les pense. Cela implique plusieurs types de conséquences vis-à-vis de la réalité et des moyens par lesquels nous accédons à ces connaissances.

Reprenant la distinction stoïcienne des objets du savoir, Locke distingue trois plans de la connaissance (IV, XXI). Le premier correspond à la « philosophie naturelle », consacrée à l'étude des réalités dans leur être et leurs propriétés ; le second est l'éthique, qui concerne l'application de nos capacités à l'action en vue du bien ; et Locke ajoute ajoute un troisème plan du savoir qu'il définit comme *doctrine des signes,* soulignant qu'on peut l'appeler aussi « logique ».

> « Son objet, précise-t-il, est de comprendre la nature des signes dont l'esprit se sert pour comprendre les choses, ou pour en transmettre la connaissance aux autres. Car, attendu qu'aucune des choses que l'esprit contemple, à l'exception de soi-même, n'est présente à l'entendement, il est nécessaire que quelque chose d'autre lui soit présent, comme un signe ou une représentation de la chose qu'il considère : et telles sont les *idées* [...] : c'est pourquoi, pour assurer la communication de nos pensées, les uns aux autres, aussi bien que pour les enregistrer pour notre propre usage, des signes de nos idées sont également nécessaires ; ceux que les hommes ont trouvés les plus commodes, sont les sons articulés. Dans ces conditions, l'examen des idées et des mots comme instruments essentiels de la connaissance, ne constituerait pas la moindre partie à contempler, pour celui qui voudrait considérer la connaissance humaine dans toute son étendue. » (IV, XXI, 4)

En vérité, ce que nous propose Locke, pour examiner nos savoirs, c'est de faire au sens « sémiotique », et selon l'origine médicale du terme, l'analyse des signes constitutifs des organisations de ces savoirs. Par suite, il n'existe pas de science sans que s'interpose entre les idées et l'esprit, un langage qui va fonder leurs corrélations et leur communicabilité. Locke insiste sur ce fait que le sens des mots est toujours relatif aux corrélations établies entre l'esprit et les signes linguistiques ; ce qui explique nos erreurs et nos confusions fréquentes. D'où la nécessité de travailler les déterminations du langage si l'on veut analyser les façons dont celui-ci intervient dans la construction de nos savoirs. Avec Locke, « c'est la première fois, peut-on avancer, que la philosophie occidentale fait du langage le thème essentiel de sa réflexion épistémologique et que l'univers sémiotique est considéré comme fondement du monde des idées.[116] »

D'où encore la distinction qu'opère Locke entre *essence nominale* et *essence réelle*. L'essence nominale d'une substance, c'est

[116] Auroux, S. (1988), *Le paradigme lockien et la philosophie du langage*, in « Revue Internationale de philosophie », Vol. 165, No. 2, p. 133-149.

l'idée abstraite et complexe correspondant au terme générique appliqué à cette substance ; génétiquement, elle provient d'une collection d'idées simples peu à peu rassemblées par l'esprit. L'essence réelle pourrait évoquer, signale Locke, la conception scolastique, laquelle voit dans les essences, ce dont « toutes les choses sont faites, et auxquelles elles participent toutes exactement en sorte qu'elles deviennent ainsi de telle ou telle espèce. » (III, III,17). Cela n'est guère autre chose que de la métaphysique, observe-t-il : « L'autre opinion, beaucoup plus rationnelle, est celle de ceux qui supposent que toutes les choses de la nature ont une constitution réelle, mais inconnaissable de leurs parties imperceptibles, d'où découlent ces qualités sensibles qui nous servent à les distinguer les unes des autres, suivant que nous avons l'occasion de les ranger en espèces, sous des dénominations génériques. » (III, III,17)

En conséquence, la conception d'une essence n'a de valeur objective que lorsqu'elle renvoie à l'idée même que s'en fait l'esprit : « Ainsi une figure incluant un espace compris entre trois droites, c'est l'essence réelle aussi bien que nominale d'un triangle, puisque ce n'est pas seulement l'idée abstraite à laquelle le nom général est attaché, mais l'*essentia* même ou l'être de la chose elle-même. » (III, III,18). De même, s'agissant de se représenter une substance particulière, par exemple un anneau d'or, *l'essence nominale* qui fait identifier à l'esprit cette réalité comme étant de l'or, n'est que la corrélation de diverses qualités — couleur, poids, fixité —, dont nous nous sommes formés et formulés une idée abstraite, applicable ensuite génériquement à d'autres réalités produisant les mêmes effets du point de vue de la perception. L'essence « réelle » de la chose ne nous est guère accessible. Seule l'essence nominale intervient pour notre entendement.

Application 3 : *Le langage, ainsi, est bien facteur constitutif de notre conception abstraite des choses et des notions : lui seul nous fait passer de l'appréhension simple des idées à la connaissance et au savoir générique.*

Tout s'opère depuis l'évidence du savoir sensible jusqu'à la démonstration, lorsque l'entendement devient capable de légitimer la connexion des idées abstraites qu'il a su progressivement dégager. Cela suppose de distinguer, selon Locke, quatre sortes de rapports entre idées concourant à l'édification de nos connaissances : l'identité et la diversité ; la relation ; la coexistence ou connexion nécessaire ; l'existence réelle. (IV,I,3) Ainsi, l'esprit peut-il formuler des propositions générales, au prix d'identifier (identité et diversité) et de comparer (relation) en permanence les idées qui lui proviennent. C'est à partir de là que se constituent des savoirs universels tels les mathématiques et les idées morales, sous forme d'*archétypes intelligibles*, progressivement construits. Quant à l'affirmation de l'existence « réelle » cela n'est qu'une exigence que se donne l'esprit dans sa construction des connnaissances. Ainsi avons-nous le sentiment de l'existence de réalités finies, de même que par un effort de la raison, nous pouvons découvrir l'existence de Dieu.

Cela signifie que s'il existe un « cogito », il n'est pas autre chose que l'intuition que l'esprit a de son existence phénoménale. L'esprit est dépourvu d'idées innées ; si nous percevons des causes premières des choses, ce n'est jamais qu'effet des principes de notre entendement. Ainsi en va-t-il de l'existence de Dieu lui-même, principe d'harmonie évident et requis pour justifier l'ordre naturel.

De cet ordre de la nature participent sans doute tous les phénomènes ; leur statut commun est celui de *signes* nécessaires au fonctionnement de notre esprit, par suite à la construction de nos connaisssances. Et si nous pouvons accéder à la *généralité* des choses, à l'abstraction, nous le devons entièrement, à ce « fonctionnement sémiotique de l'entendement humain » (Auroux). Toute généralité est œuvre de l'esprit. Il y a des généralités de désignation (« D-généralité ») et surtout, des généralités de participation ou « P-généralités » qui sont les formes les plus classiques du penser. Celles-ci correspondent à l'interprétation de la proposition prédicative en termes d'inclusion : le prédicat est plus général que le sujet. D'où il résulte que l'idée signifiée par le sujet fait partie de l'extension de celle signifiée par le prédicat, laquelle fait partie de la compréhension de la première. On dira donc qu'un terme I est P-général pour une classe de termes Mi, s'il est une partie commune à chacun d'entre eux... La P-généralité tend à faire concevoir que les universaux de la représentation sont aussi des universaux ontologiques : si une idée est la partie commune de plusieurs représentations, nous avons tendance à penser que cette même idée est présente dans chacune des représentations, ou pour parler comme le Russell de la seconde philosophie (*Analysis of Mind* 1921) à admettre que les qualités sensibles sont répétables. Locke échappe à l'absurdité des universaux ontologiques : toute idée en tant qu'elle est pensée demeure un événement singulier, parce que *nos idées sont des signes,* et que la généralité concerne la signification.

La conséquence fondamentale de tout cela est qu'il faut bien se garder de considérer le réel comme totalement intelligible :

> « Nous ne pouvons accéder aux essences ni même connaître l'ensemble des propriétés des substances réelles. *Tout notre univers cognitif n'est qu'un univers de signes.* Les enchaînements cognitifs sont des enchaînements de signes, selon un principe de transitivité qui fait que quelque chose qui est le signe de quelque chose, c'est-à-dire qui peut valoir pour cette chose, peut également valoir pour ce pour quoi vaut cette seconde chose. Ainsi le mot peut valoir pour l'idée, mais aussi pour la qualité sensible, le mot pour l'idée dans mon esprit et cette idée pour celle dans l'esprit de mon interlocuteur.[117] »

Dès lors, *tout passe et se passe par le langage*, aussi bien intérieurement — il y a bien en nous une sorte de *langage interne* — qu'extérieurement, dans l'ajustement permanent de nos idées sous forme d'expressions vers autrui. Et là s'établit le rapport de l'individu à la collectivité, la relation surtout, du langage aux conventions de son usage, en d'autres termes à la société ; ce qu'aujourd'hui nous nommerions sa « pragmatique ».

---

[117] Auroux, S. (1988), *op. cit.*

En résumé, une relecture de ces apports empiristes, dans la perspective actuelle, s'avère précieuse : précisément pour surmonter l'avatar historique du générativisme, responsable de ce *diktat* pseudo-rationnaliste, qui a longtemps fait conférer à la « grammaire » conçue comme « calcul » d'agencements, la capacité de rendre compte de tous nos rapports expressifs au monde. Il n'en est rien, et le chomskisme nous a sans doute fait longtemps ignorer que les capacités symboliques inhérentes au langage, à savoir d'articulation entre « la pensée » et le monde, s'inscrivent en lui dès ses premières structurations morphologiques et syntaxiques.

> **Application 4 :** *C'est ce sens que le statut du langage est d'emblée « cognitif » et cela doublement : en tant que medium et lieu opératoire du travail quotidien sur nos états de connaissance et en tant que système dynamique producteur même de ces états sous forme empirique nécessaire à l'activité humaine de rationalisation.*

Le statut cognitif du langage

Toute approche « cognitive » des phénomènes de langage ne peut en définitive, se fonder sur un modèle strictement issu de la « grammaire » et ignorant les rapports du sujet à la langue et au sens ; de même que visant à expliciter des rapports au sens sous forme de manipulations sémantiques, elle ne peut ignorer l'intrication entre ces manipulations sur le sens et les contraintes d'agencement syntaxiques, imposées par le système même de la langue ; de même enfin, qu'elle ne peut négliger le fait que cette intrication entre syntaxe et sémantique sera toujours motivée en contexte pragmatique, c'est-à-dire tributaire de conditions expressives liées à des situations et à des interlocutions et imposant à chaque énonciation, une certaine « orientation » sous forme d'ajustement à une finalité locale ou générale.

Rendre compte de ce *statut cognitif du langage* implique en conséquence : d'une part de modéliser les *processus* par lesquels le langage parvient à créer, et communiquer connaissance ; et d'autre part, d'inférer à partir de là, la nature des *procédés* qu'il nous offre ainsi, en vue d'organiser et de développer nos connaissances.

D'où ma problématique essentielle : quelles « opérations » importe-t-il de définir comme transcendant les mises en forme syntaxico-sémantiques, et manifestant surtout la » mise en action » du langage comme médium d'interventions sur le monde et de relations subjectives et objectales avec ce monde ?

Le problème est complexe, car il revient à analyser conjointement, on l'a vu :

1/ comment des dispositions syntaxiques contribuent à organiser du sens;

2/ comment réciproquement des visées sémantiques vont induire des agencements syntaxiques.

En vérité, cette complexité des opérations de sens et d'agencement, impliquées dès le moment où chacun énonce, n'est que le ressenti de l'analyste en situation de devoir décomposer pour recomposer et comprendre, car dès que nous réfléchissons à cette quotidienneté du langage offerte même aux plus humbles, il s'avère que cette apparente complexité doit reposer sur des conditions internes de production nécessairement simples et universelles sinon univoques.

> **Application 5 :** *Ce qu'il y a d'universel ainsi, dans le langage, ne réside pas dans ses « architectures », mais bien dans ces capacités de manipulation de sens et d'ajustement aux situations qu'il est en mesure d'offrir à tout un chacun. De ce point de vue, il est avant tout, un système de communication, et pour ce faire, il est donc un système de représentation symbolique des connaissances sur les choses, sur des événements, sur des situations et des actions sur ces situations. Il est sans doute le meilleur*

que nous ayons pour ce faire. D'où sa place centrale dans les processus de cognition.

Cette capacité remarquable d'ajustement aux situations et à la production de représentations, témoigne bien du fait que le langage est un *système naturel* au sens même de la *théorie des systèmes*. Il est système dans la mesure où il est effectivement constitué de composants distincts reliés entre eux par un certain nombre de relations. Ces composants peuvent être considérés comme des sous-systèmes au sens qu'ils entrent dans la même catégorie d'entités que les ensembles auxquels ils appartiennent. Le système lui-même possède un degré de complexité plus grand que ses parties et donc des propriétés irréductibles à celles de ses composants. Il est nécessairement évolutif pour établir ses adaptations, mais conserve une certaine stabilité au cours de ses évolutions. En d'autres termes : il conserve ses propriétés ou partie d'entre elles malgré les modifications qu'il peut subir et malgré les interactions avec l'environnement, interactions nécessaires au sens qu'elles lui apportent les informations qui le feront s'adapter et évoluer. À chaque instant en conséquence, le système peut être caractérisé par une description qui spécifie son « état », c'est-à-dire sa situation à cet instant. Par suite, au cours du temps et des situations, le langage se comporte comme un système qui ne cesse de passer d'état en état. Du point de vue méthodologique, trois problèmes sont alors à résoudre : qu'est-ce qu'un état du système-langage ? Comment établir des lois de transition assurant le passage d'un état à un autre ? Quelles méthodes vont pouvoir caractériser l'évolution du système ?

La réponse méthodologique à ces trois questions implique plusieurs *types de postulats épistémologiques :*

(i) *Le langage est d'abord une activité de communication :* ce qu'un sujet énonciateur communique à chaque fois, ce sont des « sens » organisant des représentations symboliques de soi et du monde et de soi au monde.

(ii) La mise en œuvre de ces actions de représentation implique de composer avec les contraintes syntaxiques du système et les manipulations licites du sens. Cette mise en œuvre atteste de l'existence d'*opérations cognitives intriquées au linguistique, mais se situant à un niveau générique subsumant les scissions classiques entre syntaxe et sémantique puisque travaillant les modes de constitution du sens en vue de son énonciation.*

(iii) Le terme d'*opérations* doit donc être entendu ici aussi bien au sens « *d'actes combinant des moyens pour obtenir un résultat déterminé* » qu'à celui de « *processus pouvant à partir d'éléments connus (les mots de la langue), engendrer en permanence du nouveau* », qu'à celui encore *d'« action d'un pouvoir ou d'une fonction produisant des effets qui, marqués linguistiquement, seront reçus comme* » *instructions* » pour la reconnaissance et la compréhension.

Que ce *pouvoir* (au sens de Locke) ou cette *fonction* (au sens adaptatif, évolutif et systémique) traduise l'intervention d'une *faculté de langage* qui serait propre à notre espèce, c'est peu contestable, mais si cette « faculté » existe, elle a sans doute peu à voir avec la conception rationaliste d'un dispositif inné. *Il faut plutôt considérer que nous sommes dotés d'une sorte de matrice psychologique générale, progressivement constituée au cours de l'évolution et dont participe le langage en tant que fonction symbolique.* Cette constitution génétique ne peut être activée néanmoins sans expérience et sans développement des habiletés linguistiques, lesquelles sont entièrement tributaires de l'interaction humaine et sociale. Il y a des conditions ontogénétiques pour le développement du langage aussi bien qu'il y a des conditions phylogénétiques pour sa stabilisation dans notre espèce et des conditions écologiques pour son exercice et ses dynamiques adaptatives. Ces conditions à la fois générales à l'espèce et particulières à chaque individu impliquent de concevoir un modèle d'opérations tenant compte aussi bien des invariances fonctionnelles que des régularités favorables aux combinatoires adaptatives.

Application 6 : *On ne peut donc concevoir une « grammaire cognitive » que sous forme d'un modèle restreint d'opérations suffisamment générales pour rendre compte de processus génériques à statut symbolique puisque intriqués à cette activité représentationnelle qu'est le langage et à caractère « dynamique » dans la mesure où ces opérations sont toujours des opérations d'un sujet sur le monde et sur la langue à l'intention d'autrui. Ces processus doivent être suffisamment labiles pour permettre encore d'expliciter les procédés expressifs que chacun est en mesure d'opérer à travers et grâce à la langue, sous forme de combinatoires multiples.*

Un certain nombre d'observations sur l'ontogenèse et la phylogenèse du langage dans leurs interactions avec la pensée et la pratique humaine peuvent contribuer à approcher d'un tel modèle.

L'ontogenèse du langage : de l'expérience à la construction des références

Sur le plan de l'ontogenèse, c'est-à-dire de la construction conjointe des processus de langage et d'acquisition des connaissances, les travaux de Piaget, Bruner, Halliday et Vigostsky, souvent malconnus, demeurent sources d'enseignements.

Piaget, dont l'œuvre considérable ne saurait être résumée ici, est fondateur des positions constructivistes que je partage. Cela consiste à soutenir que nos connaissances ne sont pas le reflet d'une réalité ontologique qui serait quelque part « objective », mais que ces connaissances vont se fonder sur l'organisation d'un monde qui est celui que constituent progressivement nos expériences individuelles et nos savoirs collectifs. Il y a donc toujours interaction : « L'intelligence organise le monde en s'organisant elle-même.[118] » Autrement dit : cette organisation du monde conjointe à la mise en ordre de nos cognitions est toujours le résultat d'une interaction entre intelligence consciente et environnement, interaction filtrée par nos actions, lesquelles vont viser *l'adaptation,* et Piaget, philosophe de la biologie, a toujours insisté sur cette notion.

Cela veut dire que l'environnement impose aux organismes vivants des contraintes jouant comme limites à l'intérieur desquelles la survie et la reproduction s'opèrent et que chaque organisme va devoir s'adapter à ces contraintes et à leurs variations. En employant l'expression « persistence du plus apte », Darwin en vérité, ne pensait guère à autre chose :

> « Si on prend au sérieux le mode de pensée évolutionniste, il ne peut en aucun cas s'agir des organismes ou idées qui s'adaptent à la réalité, mais de la réalité qui, en limitant ce qui est possible, anéantit inévitablement ce qui n'est pas apte à vivre. Dans la phylogenèse, ainsi que dans l'histoire des idées, la sélection naturelle ne sélectionne pas au sens positif le plus apte, le plus robuste ou le plus vrai, mais au contraire, elle fonctionne négativement, au sens qu'elle laisse simplement mourir tout ce qui, en quelque sorte, ne réussit pas le test.[119] »

Bateson a lui aussi souligné l'importance de la notion : l'hypothèse darwinienne repose sur la notion de *contraintes* et non sur cette imagerie répandue des liens de cause à effet[120].

---

[118] Piaget, Jean,
- *Le Langage et la pensée chez l'enfant*, Paris : Delachaux et Niestlé, 1923.
- *Six Etudes de psychologie*, Paris : Gallimard, Folio, 1987.

[119]Watzlawick, P. (1998), *Une introduction au contructivisme radical*, in » L'invention de la réalité° », Paris : Seuil, 1985 rééd. 1984 et trad. 1988.

[120] Bateson, G. (1972), *Steps to an Ecology of Mind : Collected Essays in Anthropology, Psychiatry, Evolution, and Epistemology*, Chicago : University Of Chicago Press. Traduit sous le titre *Vers une écologie de l'esprit,* Paris : Seuil, t. I : 1977 ; t. II : 1980.

Cette perspective peut s'appliquer identiquement au problème du développement et des fonctionnements de la cognition : Piaget a bien montré que les concepts d'*équivalence,* d'*identité individuelle* et surtout de *conservation* ne sont pas innés, mais construits, et que le développement d'une capacité de représentation chez l'enfant est essentiel pour cela. C'est en effet, l'émergence d'une capacité de se représenter à soi-même une perception ou une expérience passée qui va permettre de pouvoir comparer entre elles ces perceptions ou ces expériences, de même que cette capacité de représentation nous permettra ultérieurement de comprendre des perceptions nouvelles, de les anticiper, et surtout, de les « reclasser » à l'intérieur de nos états cognitifs aux fins de recomposer nos « systèmes » de connaissance. Concrètement, cela signifie que dans toutes nos expériences et pratiques quotidiennes, nous allons sans cesse être capables d'une part, d'« extérioriser » des objets au sens de les placer en situation indépendamment de nous, et d'autre part, de rassembler ces « expériences » comme caractéristiques de classements en vue de « types d'objets ». Autrement dit : on va pouvoir — et c'est une nécessité du repérage personnel — *différencier,* c'est-à-dire comparer et classer des objets et des situations, et de là, *identifier,* c'est-à-dire reconnaître des stabilités au travers de situations variées.

Cela signifie encore que tout organisme cognitif va constamment évaluer, mesurer les expériences qu'il fait et par là, bien sûr, tendre à en rechercher certaines et à en éviter d'autres. De ce fait, les produits d'une activité cognitive consciente ont toujours un but et s'évaluent en fonction de la façon dont ils contribuent à évaluer ce but. Cette notion d'efficacité présuppose qu'il est possible à chacun de nous, d'établir cognitivement des régularités dans le monde empirique, et réciproquement, que ces régularités ne peuvent être « construites » qu'au travers de l'expérience.

Concrètement : c'est seulement lorsque nous aurons mis en relation une première expérience avec une seconde que nous aurons établi différence ou identité entre ces deux expériences et éprouvé ainsi nos *opérations cognitives d'identification et de différenciation,* mais pour ce faire, il faut pouvoir se représenter ces opérations, les récapituler, les formuler. Et c'est là qu'intervient le langage en tant que *système nous assurant l'étiquetage et la mise en relation expressive entre qualifications des objets et caractérisations des contextes de ces objets.* En conséquence, les opérations cognitives d'acquisition, de gestion et de transmission des connaissances s'avèrent bien indissociables des opérations langagières, celles-ci devant être prises au sens de jeux opératoires sur la représentation des propriétés des objets et de leurs références, c'est-à-dire de leurs placements en contextes, en situations.

> **Application 7 :** *Toute énonciation signifie cognitivement, de la part du sujet, le « parcours » de propriétés d'objets et de leurs mises en situation. Il y a toujours ainsi, dès qu'on énonce, « orientation » vers une certaine « lecture » des représentations des choses.*

Il est évident que cette « orientation » va se faire en direction d'autres énoncés et que cette « lecture » va agir en vue d'indexer ou de réindexer des représentations complémentaires ou adverses. C'est pourquoi, on ne peut se borner à définir des actions cognitives qui opéreraient au simple niveau de l'énoncé. Ce serait retrouver l'articulation syntaxe-sémantique que justement transcende le cognitif. Toute connaissance en vérité, ne peut se fonder que par le discours ; ainsi faut-il au linguiste à chaque fois, « éclairer » un énoncé par de multiples paraphrases pour exemplifier un type de construction et en comprendre les intentions de sens. *L'activité cognitive de langage est ainsi avant tout une activité discursive. C'est à travers le discours, et les multiples discours qui s'échangent, que chacun opère cognitivement sur le monde, le schématisant, le construisant, le « formatant » pour négocier à chaque fois, de nouvelles référenciations, des relations personnelles aux situations.* Et cela, dès les débuts du langage.

Une approche intéressante à ce propos, est celle développée par Halliday, qui oppose les perspectives de type « intra-organisme » centrées sur les dispositifs et les processus psychophysiologiques aux perspectives qu'il qualifie d'« inter-organismes », préoccupées des phénomènes d'interaction et des comportements sociaux[121]. De ce point de vue, apprendre à parler pour l'enfant, c'est d'abord apprendre à se comporter linguistiquement et développer un potentiel de significations : « Learning language is learning how to mean » (Halliday). Le langage est connaissance au sens où toute connaissance se constitue comme potentiel d'action. Le mérite de Halliday est d'avoir mis l'accent sur ces dimensions communicationnelles et sociales inhérentes au langage, en opposition avec ce logocentrisme qui inspirait le générativisme des années soixante-dix.

Pour expliciter ce potentiel langagier, Halliday développe un système de *fonctions langagières,* ancrées dans des contextes d'utilisation spécifiques. Ainsi, il considère qu'il y a langage dès qu'il est possible d'attester de l'existence de régularités constantes entre les productions vocales de l'enfant et le contexte de leur utilisation. Ces régularités se manifestent dès le neuvième mois ; ce ne sont que de simples postures vocales, mais qu'il qualifie de *protolangage.* Chaque expression y est liée à une fonction, et *fonction* ici signifie à la fois usage et signification. De ce point de vue, lexique et grammaire ne constituent pas des systèmes distincts. En tant que potentiel de significations, le langage constitue un seul et unique système d'options, lesquelles vont tendre à être réalisées sous forme d'unités lexicales plutôt que de structures grammaticales. Cette notion de *lexicogrammaire* sera reprise plus tard par Bruner[122].

Le problème est alors d'établir une description satisfaisante de ces diverses fonctions dont l'enfant va doter précocément son

[121] Halliday, M.A.K. (1985), *An Introduction to Functional Grammar*, London : Edward Arnold ;
— *Language, context and text : aspects of language in a socio-semiotic perspective*, Oxford : Oxford University Press, 1989.
[122] Bruner, J.S, *Comment les enfants apprennent à parler*, Col. Actualités pédagogiques, Retz, Paris, 1987. Édition américaine originale : *Child's talk : Learning to use language*, W.W. Norton & Company Inc, New-York, 1983.

langage. Pour ce faire, il faut selon Halliday, identifier des contextes généralisés d'énonciation puis les confronter aux hypothèses que lui-même avance quant à la nature fonctionnelle des expressions : hypothèses tributaires donc d'une théorie du langage conçu comme système de significations potentielles s'articulant autour de trois types de composants.

Le premier est le composant *idéationnel.* Il concerne toutes les expressions de l'expérience, les aspects représentationnels du langage et il fonde les taxinomies lexicales, les formes enfin, de relations quantitatives, qualitatives, logiques. Le deuxième composant est nommé *interpersonnel.* Il s'agit du rôle et de la place que le locuteur s'assigne dans la situation d'interaction. Ce sont les modes déclaratifs, interrogatifs, injonctifs, les modalités, les marques de la personne, les expressions encore du jugement et des attitudes. Le troisième composant enfin, est dit *textuel,* à savoir qu'il concerne à la fois, la structure de la phrase (organisation des informations, ordre des mots, schémas prosodiques) et la cohésion du discours (relations anaphoriques, conjonctions, ellipses, etc.). Il constitue en définitive, « l'infrastructure linguistique » qui permettra à chaque fois, la mise en œuvre des composants idéationnels et interpersonnels du message. C'est à partir de ces principes que Halliday va spécifier les étapes de développement du langage enfantin.

Une *première phase,* allant de 9 mois à 17 mois environ, est caractérisée par la mise en place de six fonctions langagières :

- *la fonction instrumentale* orientée vers la satisfaction des objets convoités et visant à la satisfaction des besoins;

- *la fonction régulatoire,* orientée vers la personne et le contrôle de l'activité d'autrui;

- *la fonction interactionnelle,* ayant pour but l'établissement et le maintien des interactions;

- *la fonction personnelle :* il s'agit de l'expression de la personne sous la forme de tous les désirs, affects et manifestations d'identité;

- *la fonction heuristique* qui traduit l'utilisation du langage comme moyen d'explorer l'environnement et concrètement toutes les circonstances où l'enfant va demander le nom des choses;

- *la fonction imaginative* qui renvoie à toutes les utilisations du langage comme moyen de créer et modeler un environnement.

Ces six fonctions peuvent se regrouper en trois catégories : *l'agir* (instrumental et régulatoire), *le communiquer* (interactionnel et personnel) et *le connaître* (heuristique et imaginatif).

Une *deuxième phase* de développement du langage, allant de 17 à 23 mois environ, va être une phase de transition, caractérisée par plusieurs types de phénomènes. L'enfant abandonne d'abord progressivement ses expressions idiomatiques et les formes phonétiques imitées du langage adulte. Ensuite, il y a réorganisation des fonctions initiales au profit de deux *métafonctions* que Halliday qualifie de *pragmatique* et de *mathétique,* c'est-à-dire : d'un côté, des usages du langage comme moyen d'action ou d'intervention, de l'autre, des usages comme moyen d'apprentissage ou de connaissance. C'est au cours de cette phase qu'apparaît le niveau formel de la *lexicogrammaire :* l'enfant sera dès lors, en mesure de produire des énoncés complexes réalisant plusieurs fonctions en même temps que se développeront les conduites de dialogue.

La *troisième phase,* vers deux ans environ, sera caractérisée par le développement simultané de ces métafonctions au travers à la fois, d'une dimension représentative (mathétique) et d'une dimension communicative (pragmatique) conduisant peu à peu à l'acquisition des composants idéationnel et interpersonnel de l'échange.

Ainsi, pour Halliday, l'organisation interne du système linguistique va se construire et se déterminer par les multiples usages sociocognitifs que le langage se trouve amené à réaliser : « Language is as it is because of what it has to do. » Et de ce point de vue, Halliday se rapproche des observations des anthropologues de même que des analyses de Bruner sur la construction progressive et pragmatique par le langage, de nos « réalités ». Sans doute, bien des critiques ont été avancées depuis, quant au statut « linguistique » des énoncés monolexématiques produits par l'enfant et des controverses nombreuses suscitées autour des notions d'« holophrase » ou de « mots-phrases »[123]. Il n'en reste pas moins que l'approche de Halliday demeure profondément originale et sans doute, anticipatrice de la question.

> **Application 8 :** *Il est manifeste qu'on ne peut dissocier les développements formels du langage naturel des conditions pragmatiques et cognitives de son exercice et de son ajustement à autrui en contexte interactionnel. C'est ce contexte même qui s'avère régulateur des manipulations qui vont plus tard, générer nos jeux de langage et la capacité sémiotique de » faire signe » et » repère » sur des représentations.*

Bates développera un peu plus tard précisément cette question, en attirant l'attention sur une situation de transition caractéristique dans le développement de l'enfant[124]. Avant le 9e mois, lorsque celui-ci, à côté d'un adulte, fait face à un objet hors d'atteinte, on le voit gesticuler, crier. Lorsqu'il a compris que ses tentatives sont vaines, il va se tourner vers l'adulte ou vers un autre objet du contexte immédiat, mais jamais il n'utilisera comme médiateur la personne d'autrui pour obtenir ce qu'il désire. Son attention sera exclusivement retenue tantôt par l'objet tantôt par la personne, mais sans relation entre les deux, incapable

---

[123] Greenfield, P., Smith, J.H. (1976), *La structure de communication dans le développement précoce de la langue*, Fribourg : Academic Press.

[124] Bernicot, J., Veneziano, E., Musiol, M., Bert-Erboul, A. (2010), *Interactions verbales et acquisition du langage*, Paris : L'Harmattan.
— Chanquoy, L., Negro, I. (2004), *Psychologie du développement*, paris : Hachette.

qu'est l'enfant d'utiliser l'objet pour attirer l'attention de l'adulte ou de recourir à l'adulte pour accéder à l'objet. Ce n'est qu'à partir du 9e mois que cette attitude va se modifier. Dans un premier temps, l'enfant portera alternativement son regard sur l'objet et l'adulte, accompagnant ses efforts de signaux vocaux et mimo-gestuels. Un peu plus tard, ces signaux vont se ritualiser, devenant plus réguliers et stables jusqu'à devenir un simple signal. Tout se passe comme si désormais, l'enfant concevait la relation entre objet, autrui et signaux qu'il produit. Pour Bates, il s'agit là, d'un cas exemplaire d'*instrumentalité sociale* et qui permet à l'enfant l'accès à deux grandes catégories d'*interactions :* l'utilisation intentionnelle d'un agent humain comme moyen vers un but non social, et réciproquement, l'utilisation intentionnelle d'un objet comme moyen non social de réalisation d'un but social, à savoir la conjonction de l'attention sur un même référent.

Ce type d'observation suscite néanmoins plusieurs interrogations : l'idée d'intention peut-elle être appliquée aux comportements en question ? Quels sont les indices observables et attestables de ce type d'intentionalité ? Enfin, sur quoi se fonde-t-on pour avancer l'idée d'une transition aux alentours de ce neuvième mois ? En vérité, trois problèmes sont ici soulevés. Le premier concerne la compréhension de ce qu'on nommera « *communication intentionnelle* ». Le second est relatif à la *signification cognitive* de situations de ce genre : qu'est-ce qui importe ici ? Est-ce seulement la dimension instrumentale ou n'est-on pas plutôt en présence d'une *intrication entre l'instrumental et le sémiotique,* ce dernier étant tributaire des statuts d'indices de l'objet et de la personne ? Enfin, *les comportements observés ne sont-ils pas plutôt significatifs d'une ontogenèse de la référence* au sens où Bruner l'a remarquablement explicitée[125] ?

Venons en d'abord à la première question. La notion d'*intention*, appliquée aux communications demeure ambiguë. Sans doute, peut-on l'associer à un certain nombre de comporte-

---

[125] Bruner, Jérôme, *Comment les enfants apprennent à parler*, Retz, 2002.

ments observables : anticipation d'un résultat, choix d'une stratégie ou persévération jusqu'à la conquête d'un résultat. La plupart des auteurs ont mis en garde contre la tendance de l'adulte à interpréter les moindres manifestations chez l'enfant comme étant de nature communicative. Ainsi Bruner observe deux types d'interprétations. Le premier consiste à attribuer au comportement de l'enfant une *intention d'action :* c'est lorsque la mère cherche à apporter son soutien en facilitant l'obtention de l'objet convoité par l'enfant. Le second type d'interprétation revient à considérer la conduite de l'enfant comme étant de nature *épistémique :* le soutien de la mère prend alors la forme de dénominations d'objets ou d'actions. D'autres auteurs sont allés plus loin en insistant sur « l'illusion » inhérente aux conduites interprétatives chez les mères.

> **Application 9 :** *En vérité, ce qu'il faut retenir de ces observations, c'est plutôt l'émergence précoce dans l'interaction adulte-enfant, de procédures anticipatives, référentielles et imitatives, lesquelles vont s'organiser comme schèmes communicatifs, liés en conséquence à des procédés de contrôle de l'échange, à des « tours de rôle régulateurs »*[126]*. L'acquisition de la langue maternelle apparaît ainsi tributaire d'une longue période de préparation interactive, intriquant profondément les opérations cognitives et sociales.*

En ce qui concerne maintenant l'intrication entre l'instrumental et le sémiotique, l'interrogation ici renvoie essentiellement aux approches de la *relation je-tu-il.* À la même période du neuvième mois chez l'enfant, Piaget constatait que lorsque l'adulte touchant un objet, produit un effet (chute, balancement, bruit) en présence de l'enfant, celui-ci est capable de pousser la main de l'adulte

[126] Veneziano, E. (2000), *Interaction, conversation et acquisition du langage dans les trois premières années*, in « L'acquisition du langage », Vol. 1, *L'émergence du langage*, Collection Psychologie et Sciences de la pensée, Dans M. Kail & M. Fayol (eds.), Paris : P.U.F. p. 231-265.

vers l'objet pour réobtenir le même effet. Or les futures conduites de communication référentielle consistent justement en la coordination de ces deux modalités d'interaction et *le langage est le vecteur essentiel de cette coordination.* On peut donc en inférer que les premières « conduites triangulaires » constituent une étape fondamentale dans le développement de ces pratiques communicationnelles.

Les observations de Piaget sur les étapes de développement entre le 5e et le 9e mois, sont éclairantes à ce propos. Vers le 5e mois, l'objet, semble-t-il, acquiert une forme primitive de permanence, mais demeure tributaire de l'action. L'attention accordée par l'enfant aux relations causales se manifeste par cet examen régulier et systématique qu'il porte au mouvement de ses mains et de ses pieds. Alors qu'auparavant, le sentiment d'efficience s'identifiait au résultat de l'action, la cause tend maintenant à s'intérioriser et l'effet à s'extérioriser, mais ce n'est que vers le 9e mois, que l'enfant cesse de considérer ses propres actions comme seules sources de causalité et tend à attribuer aux objets et à autrui une efficience propre. Il est ainsi capable d'écarter la main de l'adulte lorsque celui-ci bloque l'accès à un objet convoité et réciproquement de se servir de l'adulte pour atteindre l'objet en question. Il y a donc émergence d'un ajustement des moyens aux fins, en même temps qu'une objectivation et une spatialisation graduelles de la causalité. Tout cela constitue les prémisses d'une conduite instrumentale, mais l'enfant n'est pas encore totalement impliqué dans l'action qu'il provoque. Ce n'est que vers la deuxième année, que les objets vont acquérir pour lui, une identité physique, en se détachant de l'action proprement dite et en prenant ainsi le statut d'« entités » permanentes. C'est alors en effet, qu'apparaîtront des conduites spécifiques telles celles dites « *du support* » (tirer un support pour attirer à soi un objet posé sur ce support) ou celles encore de *désignation (deixis) :* l'enfant tend à l'adulte un objet sur lequel il souhaite le faire agir ou il montre du doigt un objet trop éloigné pour l'atteindre soi-même.

Toutes ces conduites manifestent la construction progressive d'un univers où s'objective et se spatialise la causalité et où, comme le dit Piaget, « l'action de l'enfant se situe parmi les autres et obéit aux mêmes lois ». Ce sont encore, peut-on dire, des conduites d'échange avec l'adulte et donc de communication ; la plupart étant effectivement de nature sémiotique et symbolique.

> **Application 10 :** *Ainsi, avant même d'acquérir les structures de sa langue maternelle, l'enfant s'avère progressivement doté d'un savoir complexe sur la manipulation des symboles et particulièrement du langage, sur les fonctionnements sémiotiques et les contextes d'utilisation de celui-ci et en définitive, sur les conventions qui motivent ou impliquent son usage ; équipé donc de ce que Bruner (op. cit.) nomme une « structure pragmatique de base »*.

Nous sommes loin ici des assertions sur l'existence d'un dispositif mental spécifique : *la maîtrise progressive de la référence relève d'un processus véritablement ontogénétique.*

L'ontogenèse de la référence

L'ontogenèse de la référence a suscité de multiples recherches. C'est la question des étapes et processus par lesquels l'enfant va parvenir à produire des signaux référentiellement stables et à caractère intersubjectif. Selon Bruner[127], l'évolution des savoir-faire de l'enfant est orientée par *un double principe d'incorporation et de susbstitution :* d'incorporation au sens où toute connaissance nouvellement acquise intègre nécessairement une connaissance antérieure qui va faciliter son émergence ; de substitution à savoir que le développement des savoir-faire est caractérisé par l'acquisition de procédures et de moyens sans cesse nouveaux, plus efficaces et sélectifs que les précédents et favorisant l'apparition de fonctions nouvelles. Bruner considère ainsi — et ma position est proche de la sienne — que le langage est à la fois

[127] Bruner, J. (2011), *Le développement de l'enfant. Savoir faire, savoir dire,* Paris : PUF, 8e édition, 2011.

médiateur et amplificateur des capacités et qu'il n'est guère possible de le dissocier du développement cognitif, dès le moment où apparaissent la représentation et l'instrumentation langagières.

De ce point de vue, sa position est critique vis-à-vis des assertions chomskiennes sur l'existence d'un dispositif inné d'acquisition du langage (« Language Acquisition Device »). La conception de la référence que Bruner développe est proche de celle de Putnam[128], à savoir : (i) la référence est un acte intentionnel ; (ii) sa précision peut varier et deux interlocuteurs peuvent ainsi s'entretenir d'un référent commun sans pour autant lui attribuer la même définition ; (iii) l'acte référentiel est de nature sociale : il résulte du réglage réciproque de l'attention et non de l'adéquation entre une représentation individuelle et un objet ou événement du monde, comme le prétendent les théories classiques ; (iv) l'acte référentiel est finalisé dans la mesure où il implique l'emploi de moyens appropriés en même temps que diverses procédures de contrôle et d'indication de sa réussite ou de son échec.

L'étude de l'ontogenèse de la référence coïncide alors avec l'analyse des procédures qui vont ajuster l'attention réciproque entre interlocuteurs. Et c'est ici que Bruner introduit la notion centrale de *format :* « Pour que l'enfant accède au langage, écrit-il, il lui faut connaître des relations sociales d'un type tel qu'elles contextualisent le langage dans le dialogue. » Ainsi, l'interaction avec l'adulte va progressivement conduire l'enfant à schématiser les situations d'interaction sous forme d'« épisodes » modulaires et répétitifs, à caractère quasi rituel et où les rôles des partenaires seront clairement définis. Ce sont ces scénarios que Bruner nomme *formats :* sortes de « modèles microcosmiques d'interaction », ils vont intervenir comme cadres structurant les situations d'échange et constituer de la sorte, des *contextes simplifiés* grâce auxquels l'enfant pourra acquérir les modalités com-

[128] Putnam, H. (2011), *Le réalisme à visage humain*, Paris : Gallimard, coll. Tel.

plexes de l'activité langagière avant même qu'il soit en mesure à son tour, d'intervenir verbalement. Ces formes une fois établies, seront en effet généralisées, favorisant de la sorte l'enrichissement graduel de l'univers social et culturel de l'enfant.

> **Application 11 :** *Ainsi les fondements cognitifs du linguistique s'avèrent-ils génétiquement indissociables des expériences mêmes de langage, lesquelles par schématisation et formatage progressif des situations d'échange, vont fonder le développement linguistique.*

Cette ontogenèse de la référence, Bruner la caractérise selon trois dimensions, lesquelles continueront de coexister chez l'adulte : 1) la *désignation (indicating)* qui englobe tous les procédés gestuels, posturaux ou vocaux visant à attirer l'attention d'autrui sur un objet ou une action ; la *deixis* qui recouvre toutes les formes de renvoi aux caractéristiques spatiales, temporelles et interpersonnelles, que va emprunter le réglage de l'attention entre interlocuteurs ; la *dénomination (naming)* dès lors que seront acquis des items lexicaux standard.

Dès l'âge de quatre mois, observe-t-il, l'enfant est capable de suivre la direction du regard d'autrui et ce comportement peut être considéré comme l'analogue d'une forme très précoce de désignation. À huit mois, en situation de face à face avec l'adulte, et dans presque 70% des cas, l'enfant peut suivre le regard de l'adulte lorsque ce regard change de direction. Ces observations largement confirmées attestent de l'existence très précoce chez l'enfant, de l'aptitude à utiliser une référence externe pour s'orienter *(deixis spatiale) ;* ce qui le conduira à l'acquisition des modes de la *décentration* nécessaires au maniement des formes symboliques. Néanmoins, ce n'est qu'au début de la deuxième année qu'il deviendra capable de dissocier complètement la désignation gestuelle de l'effort de préhension, et ce n'est que six mois plus tard, qu'il sera à même de comprendre que, dans un format du type donner-recevoir-redonner, où les rôles sont réversibles, le but est moins la possession de l'objet que l'échange lui-même.[129]

Ici, bien que préoccupé du développement de la socialité, Bruner rejoint Piaget : les formats, en tant que structures interactives généralisables, ont aussi le statut de *schèmes d'action.* Et du point de vue de la *logique naturelle,* nous sommes bien là, en présence de contextes préconstruits, témoins de la mise en œuvre de *processus de schématisation* très précoces dans l'architecturation de nos fonctionnements cognitifs.

> **Application 12 :** *Si donc la capacité de référer suppose en apparence la stabilité des représentations qu'on désigne, il est évident qu'elle ne s'instaure et ne s'exerce qu'à travers l'émergence et la maîtrise progressives d'opérations cognitives assurant le transfert entre formats et d'opérations langagières décontextualisant en quelque sorte les énoncés pour mieux fonder les processus d'interaction symbolique. Dans cette continuité ontogenétique où nous voyons s'établir la transition entre formats communicationnels et schémas cognitifs généralisables, c'est bien d'une intrication forte entre le langage et la pensée qu'il s'agit ; l'une ne pouvant s'échafauder ni surtout se communiquer sans l'autre ; le premier de-*

[129] « On constate alors que jusqu'à l'âge de neuf ou dix mois, l'enfant retenu par sa chaise de bébé tend d'abord tous les doigts vers l'objet convoité, il porte son regard dans sa direction, puis se met à crier lorsqu'il constate qu'il n'arrive pas à l'atteindre ; […], mais tout d'un coup, vers le dixième ou onzième mois chez les filles, vers le treizième ou quinzième mois chez les garçons, on voit s'effectuer un changement comportemental […] Sa maturation neurologique aboutit à ce que l'enfant cesse de tendre les doigts ouverts. L'événement se produit : il commence à pointer du doigt. Voilà qui est un progrès d'une grande signification, car pour faire ce geste il faut à l'enfant toute une pensée organisée : il doit cesser de vouloir attraper l'objet pour se l'approprier immédiatement ; il doit acquérir la représentation très élaborée que, par désignation, il peut renevoyer à quelque chose qui se trouve éloigné dans l'espace et qu'il peut obtenir par l'intermédiaire de sa mère. » Cyrulnik, B. (1988), *La naissance du sens*, Paris : Hachette.

meurant tributaire des ajustements pratiques et contextuels de la seconde.

Phylogenèse et langage

Du point de vue phylogénétique, un certain nombre de perspectives récentes se sont développées, analysant la dissémination historique des langues indo-européennes, et s'efforçant de réinscrire cette dissémination à l'intérieur des conditions historiques déterminant l'écopropagation des techniques agricoles et des modes de subsistance sur la longue durée[130]. Rappelons d'abord que l'opinion communément admise pour expliquer la diffusion des langues indo-européennes est de les faire toutes remonter à un ancêtre commun qui serait la langue dite « proto-indo-européenne », laquelle aurait évolué au fil des siècles pour donner ces familles de langues entre lesquelles les linguistes établissent parenté. Cette théorie de « l'arbre linguistique » fut élaborée vers 1860 par le philologue allemand August Schleicher. Le concept de base est celui de la *divergence :* l'isolement d'une langue tend à accroître ses particularités par rapport aux autres et des dialectes émergent peu à peu, qui deviendront des langues distinctes. Depuis cette époque, et en dépit des controverses, le modèle des arbres linguistiques a continué de rallier la majorité des linguistes.

C'est au début du siècle que les archéologues ont commencé à s'intéresser à la question. À l'origine, ceux-ci considéraient que la lecture des documents archéologiques, depuis le paléolithique, devait suffire à rendre compte des cheminements culturels ayant conduit aux langues européennes actuelles, et notamment à justifier leur dispersion. On recherchait donc une « patrie-origine » de ces langues, et cette quête donna lieu à des polémiques parfois entachées d'un parti-pris douteux : on sait que les nazis prétendaient que cette langue originelle aurait été celle des Ariens, race

130 Forster, P., Renfrew, C. (2006), *Phylogenetic Methods And the Prehistory of Languages,* McDonald Institute for Archaeological Research.

supérieure identifiée aux ancêtres directs des Allemands. Cette prétention s'appuyait sur un ouvrage intitulé *Les Aryens* et publié en 1926, à Londres par V. Gordon Childe du *Royal Anthropological Institute.* La thèse de Childe, situant effectivement en Europe septentrionale le berceau indo-européen, s'appuyait sur des arguments autant archéologiques que linguistiques. Ceux-ci empruntaient à la détermination par les linguistes d'un vocabulaire de base commun à la plupart des langues indo-européennes et qu'on supposait être la survivance de la langue proto-indo-européenne. Les mots de base relatifs aux plantes et animaux devaient décrire l'environnement des locuteurs primitifs, et comme il n'existait pas de mots pour le fer et le bronze, mais des termes désignant *cheval* et *roue,* cette langue hypothétique laissait supposer une première dispersion des indo-européens avant l'âge du bronze et après la domestication du cheval, permettant l'apparition des chariots. Childe fit sienne cette hypothèse et la relia aux nombreuses découvertes de céramiques cordées (poteries décorées par application de cordelettes sur l'argile humide), datant de l'âge du bronze et effectuées en Europe du Nord. Il attribua ces objets à des tribus nomades ayant émigré de leur steppe d'origine, près de la mer Noire ; il s'agissait selon lui des Indo-Européens. Plus tard, Marija Gimbutas de l'Université de Californie à Los Angeles confirma le propos, en reconstituant une série d'invasions kourganes issues des contrées situées au nord de la mer Noire.

C'est contre ces thèses, longtemps admises, que se sont prononcé les travaux de Colin Renfrew[131] et ceux de Mallory[132]. Il

---

[131] Renfrew, C. ([1987] 1990), *L'énigme indo-européenne : Archéologie et langage*, trad. Michèle Miech-Chatenay, [*Archaeology and Language : The Puzzle of the Indo-European Origins*], Paris : Flammarion, coll. Champs, 1e éd.

[132] Mallory, J.P. (1991), *In Search of the Indo-Europeans :Language, Archaeology and Myth*, New York : Thames and Hudson p. 71 : « Reconciliation of all these different theories seems out of the question ... the current state of our knowledge of the Greek dialects can accommodate Indo-Europeans entering Greece at any time between 2200 and 1600 BC to emerge later as Greek speakers. »

s'avère ainsi manifeste qu'à l'examen précis, d'une part, les données archéologiques ne sont guère convaincantes, car les céramiques cordées sont liées à des coutumes locales, et d'autre part, l'argument des mots de base n'est pas plus probant : certains mots du vocabulaire des plantes ou des animaux ont pu changer de sens au cours des millénaires et ces mots, de surcroît, ne sont en aucun cas, significatifs d'une zone géographique particulière. Enfin, rien n'atteste de la véracité du scénario proposé : comment une invasion subite vers l'ouest de cavaliers issus des steppes aurait-elle imposé la langue proto-indo-européenne ? Quel phénomène démographique serait à l'origine de cette invasion ?

La proposition convaincante de Renfrew est en deux temps : du point de vue linguistique, elle est de refuser la notion de divergence au profit de celle de substitution ; du point de vue archéologique, elle consiste à ne plus seulement considérer un style particulier d'artisanat, mais à examiner dans le temps, les processus de changements culturels appliqués aux techniques économiques et à les relier aux modifications de langage. Ainsi, sur le plan linguistique tout d'abord, on peut considérer plusieurs schémas susceptibles de motiver la substitution d'une langue à une autre : l'expansion démographique et économique de nouveaux arrivants qui imposent de nouvelles sources de subsistance ; l'intrusion d'une technologie militaire supérieure ; la prédominance d'une élite ; ou encore, lorsqu'une société hautement centralisée s'effondre ; ou enfin, suite à l'établissement de relations commerciales dans une société égalitaire, l'instauration progressive d'une *lingua franca.* Lequel de ces schémas a donc pu permettre la propagation de « l'indo-européen » ?

Si l'on remonte au septième millénaire avant J.C, ce qui se répand à travers l'Europe, c'est un mode nouveau d'économie agricole, fondé sur la culture du blé et de l'orge et l'élevage des moutons et des chèvres. Ces espèces animales, les Européens ne les trouvant pas sur place, devaient les importer depuis l'Anatolie centrale en Turquie, et leur domestication fut à peu près simultanée dans plusieurs régions du Proche-Orient. Albert Ammerman et Luca Cavalli-Sforza de l'Université Stanford ont élaboré ainsi un « *modèle de propagation* » explicitant pertinemment cette diffusion d'une économie agricole entraînant, dans chaque région, des accroissements rapides de population[133]. L'établissement de fermes a dû ainsi multiplier par cinquante la densité de la population et cet accroissement de densité a eu d'importantes conséquences sur la vague de propagation. Si l'on admet ainsi, selon Ammerman et Cavalli-Sforza, que deux générations sont séparées par une durée de vingt-cinq ans et qu'un fermier pour s'établir, se déplace en moyenne de dix-huit kilomètres, l'agriculture aurait donc progressé en Europe à la vitesse moyenne d'un kilomètre par an, et il aura fallu mille cinq cents ans pour que les implantations de fermes atteignent l'Europe septentrionale. Bien sûr, chaque vague d'émigration apportant sa propre langue, celle-ci n'était pas immédiatement adoptée par les autochtones ; ce qui explique la persistance de certaines langues non indo-européennes comme le basque ou l'étrusque parlé en Italie jusqu'à l'époque romaine. Néanmoins, l'hypothèse est plus que probable que les premiers indo-européens, plutôt que des envahisseurs guerriers, furent des fermiers pacifiques se déplaçant lentement vers l'ouest. Ainsi, remarque-t-on très tôt en Ukraine, la présence de villages agricoles où la culture du blé et de l'orge provenait des Balkans et précisément, d'Anatolie. De ce fait, les premiers locuteurs de l'indo-européen ont-ils probablement parlé une langue d'origine anatolienne, ayant transité par la Grèce et les Balkans.

Vue dès lors, sous cet angle intriquant le développement linguistique aux transformations des pratiques techniques et économiques, l'histoire culturelle et sociale de l'Europe apparaît se dérouler selon une succession de transformations et d'adaptations à partir d'une base commune indo-européenne. Ce développement ne s'est pas fait à la suite de migrations venues de

---

[133] Ammerman, A.J, Cavalli-Sforza, L.L. (1984), *The Neolithic Transition and the Genetics of Populations in Europe*, Cambridge : Princeton University Press.

l'extérieur, mais bien à partir d'interactions complexes à l'intérieur d'un continent gagné à une économie foncièrement agricole et possédant déjà répandue, une langue indo-européenne propre.

> **Application 13 :** *Sur le plan phylogénétique et de façon analogue aux phénomènes ontogénétiques, le développement linguistique sur la longue durée s'inscrit nécessairement à l'intérieur de systèmes de propagation, substitutifs les uns des autres, et fondés sur l'interaction entre éco-transformations pratiques et adaptations langagières. Comme si à chaque fois —, mais la comparaison est forcée, l'ontogenèse récapitulait la phyologenèse, la seconde témoignant sur des périodes d'ampleur, des mêmes nécessités et successivités de rééquilibrages morphologiques et écolinguistiques que la première.*

Ces rééquilibrages témoignent du statut du langage en tant que système intriqué à d'autres systèmes adaptatifs et évolutifs de l'espèce humaine. Prennent-ils origine à un niveau plus profond — cortical et neuronal —, lequel aurait une fonction déterministique ? Rien n'est moins sûr, en tout cas pas sous cette forme caricaturale d'une correspondance directe. La question des types d'architectures neuronales à même de caractériser le niveau symbolique des connaissances demeure controversée. Quant à l'idée d'un passage direct « du neurone au symbole », elle relève davantage de la pétition que d'une vision scientifique des choses. Néanmoins il importe d'assurer correspondance entre ce que la recherche en neurosciences élabore comme modèles et ce que l'approche linguistique permet d'assurer en vue de fonder une théorisation des rapports entre cognition et langage. D'où ici, un troisième ensemble de postulats épistémologiques.

Ce troisième type de postulats revient à considérer que, depuis le biologique jusqu'au linguistique, nous serions en présence d'une sorte de « continuum » d'états transitoires et régulièrement recomposés sous forme de « conversion », lesquelles témoigneraient de la mise en œuvre de processus visant à l'adaptation globale de l'organisme aussi bien sous forme neurale que symbolique. Il s'agit donc développer une perspective synchronique qui, dans la forme actuelle de nos connaissances, intègrerait un certain nombre d'états concourants afin de rendre compte des principes fonctionnels d'évolution adaptative dans les conduites humaines depuis le neuro-moteur jusqu'au symbolique.

Régulations neurales et ajustements symboliques des conduites

Les recherches sur le contrôle moteur du geste classiquement distinguent deux types de motricités : la motricité volontaire et la motricité automatique[134]. Dans le second cas, on s'accorde à reconnaître depuis longtemps, le caractère autonome et partiel des opérations automatiques, considérées comme « unités de comportement » sous forme d'entités préformées et rigides intervenant dans la composition d'opérations motrices complexes. En ce qui concerne la motricité volontaire, il est manifeste que celle-ci est toujours gouvernée par un « plan » ou par un « programme » correspondant à une représentation interne du but et des moyens de l'atteindre. Ce « programme » peut intégrer plusieurs unités de comportement. Sa spécificité réside dans le fait qu'il existe toujours une « distance » entre sa représentation interne et la décision chez le sujet de l'exécuter. Une expérience de Sperry montrait qu'après transposition des nerfs extenseur et fléchisseur de l'avant-bras chez le singe, les mouvements de la main étaient complètement inversés, mais l'animal devenait capable de déceler rapidement le caractère erroné de ses mouvements et de les arrêter en cours d'exécution[135]. Ensuite, au prix d'un certain nombre d'artifices, il parvenait à une sorte de recoordination complète. Ce même type d'observation a été réalisé chez l'homme par transposition d'un fléchisseur de la cuisse en position d'extenseur chez des sujets poliomyélitiques, ou encore au niveau de la main,

[134] Jeannerod, M. (2009), *Le cerveau volontaire*, Paris : Éditions Odile Jacob.

[135] Sperry, R.W. (1961), *Cerebral organization and behavior*, in « Science », Vol. 133, p. 1749-1757.

chez des sujets atteints de paralysie du nerf radial. L'opération dans ce second cas, consiste à rétablir l'extension de la main sur l'avant-bras en insérant un tendon long fléchisseur en position d'extenseur. Si la paralysie est complète, des gestes volontaires simples d'extension de la main peuvent être réappris et les résultats sont encore meilleurs s'il s'agit de transposition au niveau du doigt.

Ainsi apparaissent deux types d'opérations motrices : les mouvements automatiques qui demeurent prisonniers d'une « séquence obligatoire » sans possiblité de réorganisation et les mouvements volontaires qui, en revanche, attestent de la possiblité de modifier la représentation interne de l'acte à accomplir et par suite, de l'opportunité de recoordinations à l'occasion totales. Dès lors, la spécificité du mouvement volontaire semble bien résider dans l'existence d'une *intention,* laquelle peut se distinguer de l'exécution. Cette plasticité de l'intention ne peut cependant être strictement identifiée à l'action d'une structure cérébrale incitatrice qui modifierait son activité avant l'apparition du mouvement. Ce qui importe en la circonstance, c'est bien l'existence, attestée par les pathologies, de phénomènes prémoteurs, lesquels vont aussi bien porter sur l'élaboration de « programmes » que sur l'incorporation de ces programmes à des paramètres représentatifs de la mémoire et de l'apprentissage.[136]

> **Application 14 :** *Ainsi, des conduites aussi naturelles que les motricités quotidiennes témoignent-elles de régulations et de recoordinations attestant de la mise en œuvre de « plans d'action » où l'intention cognitive et symbolique se retrouve directement intriquée aux processus d'ajustement neuro-moteurs.*

Ces rééquilibrages intentionnels et symboliques des postures et mouvements sont non moins manifestes dans l'ontogenèse de la motricité. Trevarthen a réanalysé chez le nourrisson, les étapes fondamentales du développement de la connaissance visuelle du

[136] Jeannerod, M. (1983), *Le cerveau machine*, Paris : Fayard.

monde, de la manipulation de l'objet et de la communication avec autrui[137]. À huit jours, le bébé n'a qu'une fixation vague et imprécise des choses, souvent perturbée par des mouvements involontaires de la tête ou du corps. La fluidité de ses mouvements pourrait s'expliquer par l'existence de programmes innés des décharges nerveuses, interrompus alors par des réactions réflexes et stéréotypées, tels les mouvements d'agrippement ou les rythmes d'extension et de rétraction du bras. Vers l'âge de trois semaines, il devient capable de fixer un objet très proche qui se détache bien du contexte environnant et les bras et les pieds de l'enfant commencent à réagir avant même que les yeux ne fixent l'objet. À l'âge de trois-quatre mois, il pourra fixer intensément tel ou tel objet sans pour autant réussir à l'atteindre : le processus visuel ou le processus de contrôle des déplacements des bras entre alors, semble-t-il, en conflit avec les mouvements des doigts et des poignets. En fait, on assiste là, à une phase de transition depuis les mouvements d'agrippement néo-natals jusqu'à l'agrippement intentionnel guidé par le regard. C'est vers la fin du quatrième mois qu'apparaît un développement très rapide de la vraie motricité intentionnelle : l'enfant atteint et saisit ce qu'il voit. En quelques jours, il devient capable d'arrêter son geste, de maintenir ses bras dans une certaine position et d'effectuer des mouvements de plus en plus précis. Ces observations qui visaient à l'origine, à démontrer l'existence de mécanismes innés déterminant toutes ces activités, ont été refaites par d'autres auteurs, confirmant au contraire, l'importance des interactions visuomotrices dans l'acquisition progressive de ces coordinations préhensives.

Ainsi l'organisation des mouvements de la main et du bras s'avère bien participer au contrôle de la vision selon une interaction que Piaget avait déjà décrite. Même lorsque le bébé tentera, entre deux et trois mois, de contrôler une action en déplaçant sa main dans sa bouche, cette coordination nécessitera une recons-

[137] Trevarthen, C. (1984), *How control of movements develops*, in « Human Motor Actions : Bernstein Reassessed », H.T.A. Whiting (Ed.), Amsterdam : Elsevier (North Holland), p. 223-261.

truction qui aura dû être précédée d'une dissociation des activités du bras et de la bouche. Là encore, on constate l'importance des intrications entre coordinations motrices et intentions présymboliques, sous forme d'ajustements opératoires dès les premiers niveaux neuromoteurs. Plusieurs systèmes entrent en jeu — le tactile, le moteur, le visuel —, qui vont concourir à l'organisation des futures conduites symboliques.

Ces coordinations opératoires, planifiées, mais constamment réajustées, sont encore illustrées à l'examen du rôle de la proprioception dans le contrôle du geste et de la posture.[138] On voit ainsi que tous les systèmes sensoriels participent à la proprioception et cela, selon une hiérarchie entre eux, qui va dépendre à chaque fois, de la tâche motrice et des structures centrales qui la contrôlent : l'essentiel réside justement dans la combinatoire entre ces informations issues des récepteurs et leurs possibilités de se compléter ou de se substituer les unes aux autres. La vision joue alors un rôle central dans la régulation posturale en complétant les informations vestibulaires et kinesthésiques, notamment sous l'angle des propriétés dynamiques de la détection du mouvement du corps. Ainsi, on observe des interactions profondes visuo-vestibulaires sous forme d'une *co-variation* répétée des informations tactiles et vestibulaires et conduisant à des diminutions ou à des accroissements de la dominance visuelle. Tout repose alors — et cela est exemplaire dans le cas des réajustements posturaux —, sur les interactions et combinatoires entre référentiels spatiaux (horizontale et verticale subjective par exemple), témoignant aussi bien de conflits que de « compositions » entre les données visuelles et les données labyrinthiques et somatiques.

Là encore, on est bien en présence de systèmes qui vont à chaque mouvement ou posture ou action, « s'équilibrer » en vue de composer des ajustements à l'action et à l'intention. De même en va-t-il encore des coordinations œil-main, composant une sorte d'« espace moteur » dont l'observation permet d'établir une hié-

---

[138] Berthoz, A. (2009), *La simplexité*, Paris : Odile Jacob.

rarchisation des opérations motrices en fonction de leur « valeur spatiale »[139]. On pourrait ainsi penser à une hiérarchie fondée sur « l'emboîtement » des opérations motrices les unes dans les autres : les mouvements du regard par rapport à la tête, de la tête par rapport à l'axe du corps, des divers segments du corps, comme à autant d'étapes dans la saisie d'une information visuelle. Dans cette séquence, le regard est l'élément « proximal » qui calibre tous les autres, plus distaux, assurant de la sorte, la généralisation de l'adaptation, sous forme de transfert progressif analogue à ce qu'on peut observer dans le langage sous la forme du jeu innovateur des métaphores appliquées à des séries de représentations.

> **Application 15 :** *Ainsi, dès les premiers niveaux moteurs et neuro-moteurs, on a pu mettre en évidence l'importance des compositions et des ajustements entre systèmes impliqués dans l'adaptation à l'action. La mise en œuvre de ces principes fonctionnels offre de troublantes similitudes avec ce que des sytèmes symboliques plus élaborés, tel le langage, vont ultérieurement manifester sous forme d'opérations combinant des procédés et des orientations de processus « métacognitifs », c'est-à-dire assurant les coordinations actives et finalisées de l'activité expressive, sous forme d'états transitoires constamment renouvelés.*

États transitoires, modèles neuronaux et fonctions cognitives

Dès lors, la question essentielle est bien celle des modes de spécification de la relation entre nos différentes fonctions cognitives et les organisations à chaque fois, données d'un équipement naturel, tel le cerveau, ou d'un dispositif élaboré comme le lan-

[139] Brouchon, M.H. (1972), *L'Analyse de la réorganisation des coordinations visuomotrices chez l'homme*, in « L'Année psychologique », Vol. 72, No. 1, p. 25-38.

gage. On pourrait à ce propos, s'inspirer de conceptions qui voient dans le système nerveux, un seul niveau à partir duquel va émerger un niveau fonctionnel et algorithmique assurant le développement d'un niveau plus supérieur, identifié aux règles d'une grammaire abstraite[140]. De même pourrait-on admettre une vision « classique » distinguant un niveau physique, un niveau syntaxique et un niveau sémantique dit des connaissances[141]. De telles conceptions demeurent tributaires d'une vision mécaniste du système nerveux assimilé au « hardware » d'une machine dont nous aurions le « programme » sous formes syntaxiques et sémantiques. À l'instar de J. P. Changeux, je rejetterai ces « scories » conceptuelles du « cerveau-machine »[142]. On sait qu'il existe dans le système nerveux, différents niveaux d'organisation et qu'à ces niveaux, vont s'élaborer et s'établir des fonctions cognitives distinctes. Ainsi peut-on différencier successivement le niveau cellulaire puis le système nerveux des invertébrés où chaque cellule possède une « connectivité » et une fonction bien définie dans l'organisme, enfin les différents niveaux des « architectures neuronales ».

À ce point précis, la question méthodologique revient bien à déterminer et analyser dans quelle mesure d'un côté, des structures biologiques, par suite comportementales, vont demeurer vestigiales sinon directement présentes dans des activités cognitives supérieures, et d'un autre côté, comment elles seront « pénétrables » par ces activités de connaissance, sous forme de régulations symboliques fonctionnelles.

Les observations montrent qu'à quelque niveau que ce soit du système nerveux, de nombreuses boucles de rétroaction contribuent à la création de mécanismes « ré-entrants », lesquels vont

---

140 Marr, D. (1982), *Vision : A Computational Investigation into the Human Representation and Processing of Visual Information*, New York : W. H. Freeman and Company.

141 Fodor, J., Pylyshyn, Z. (1991), *Minds and Machines*, Vol.1, No. 3, p. 321-341.

142 Changeux, J.P. (1998), *L'Homme neuronal*, Paris : Hachette, coll. Pluriel.

générer des régulations d'ordre supérieur[143]. Ainsi, la plupart des transitions neuronales effectuées d'un niveau à l'autre peuvent être schématisées selon un point de vue effectivement évolutionniste : chaque « règle » de stabilisation ou de « survie » au sens darwinien, sera gouvernée par la fonction associée à la nouvelle forme établie, celle-ci créant en conséquence, une stabilisation rétroactive de la fonction sur la cellule.

La transition d'un niveau donné au niveau suivant requiert de la sorte, deux composants fondamentaux : *un générateur de diversité et un système de sélection.* Autrement dit : à un niveau donné, des éléments se recombinent entre eux et élaborent des « formes » transitoires correspondant au niveau d'organisation supérieur ; un mécanisme de sélection stabilise alors certains de ces états transitoires et engendre ainsi un niveau d'organisation plus élevé. De la sorte, on peut dire que la fonction agit de manière rétroactive sur la transition « matière-forme ». Le critère de sélection est donc lié à la fonction « nouvelle » déterminée par une forme transitoire produite par le générateur de diversité. Si cette nouvelle fonction correspond à une action sur le monde extérieur qui favorise la survie de l'organisme, elle est sélectionnée. C'est ainsi que se réalise l'épigenèse de réseaux neuronaux par sélection active de synapses et qu'on peut avancer que nos activités n'ont pas pour résultat de créer de nouvelles connexions neuronales, mais bien de supprimer certaines connexions préexistantes : « apprendre, c'est éliminer » (Changeux).

L'architecturation de nos fonctions cognitives s'opère ainsi par rétroaction de représentations et de fonctions nouvelles sur des représentations antérieures, et selon des convergences continues, prenant formes en définitive, de *« programmes » conceptuels et symboliques rétroagissant à leur tour sur nos conduites et nos adaptations. Nos représentations mentales ne peuvent donc être en aucun cas, des états cérébraux statiques ; elles sont produites et enchaînées selon un système d'interaction dynamique cons-*

[143] Edelman, G., Tononi, G. (2000), *Comment la matière devient conscience*, Paris : Odile Jacob.

tante entre le monde extérieur et nous-même. Elles participent de ce système en évolution permanente sous la forme de successivités temporelles psychologiques.

En résumé, que ce soit au quotidien ou sur de longs cycles évolutifs, la régulation de nos adaptations et de nos actions sur l'environnement va s'opérer à l'intérieur de « *cadres* » fondés sur des contraintes sémantiques, tributaires à chaque fois, des finalités de ces actions et des types de processus qu'elles mobilisent.

> **Application 16 :** *Les architecturations neurales puis cognitives s'avèrent déterminées en permanence par des cycles de rétroaction-adaptation assurant l'émergence de nouvelles fonctions travaillant en retour des structurations antérieures. Toute représentation cognitive et fonctionnelle n'intervient ainsi qu'en regard d'une « pré-représentation » générant cette émergence en vue du test d'adéquation à des conditions nouvelles. Il y a ainsi à l'œuvre, dans l'élaboration de nos dispositifs neuronaux et symboliques, une sorte de « formatage » récurrent qui atteste bien du double statut fonctionnel inhérent à nos systèmes cognitifs : celui d'être « générateurs de diversité et de variation » et celui d'être porteurs de « mécanismes de contrôle » assurant le test de l'adaptabilité et par suite, de l'adéquation aux conditions rencontrées.*
>
> *Labilité, ajustement aux multiples variétés de situations et règles contrôlant les fonctionnements : telles sont aussi les propriétés caractéristiques de ce système symbolique qu'est le langage en tant que vecteur et acteur de nos cognitions. En rendre compte sous forme de « modèle cognitif » implique d'aborder cette modélisation en termes d'opérations à la fois constitutives du système et suffisamment « plastiques » pour à la fois rendre compte d'un certain rapport cerveau-langage-action, et schématiser les stratégies discursives recomposant sans cesse, l'intrication fondamentale entre cognition et langage. Telles sont les conditions essentielles à remplir pour ap-*

procher d'une « grammaire cognitive » : motivation qui sous-tend ma théorisation personnelle.

Opérations langagières, opérations cognitives, opérations discursives : des arguments au discours

Se placer méthodologiquement ainsi à un niveau qui serait antérieur à la syntaxe et à la sémantique, c'est se placer avant « l'objectivité » et donc travailler sur les modes de constitution de l'objet. Par exemple, dans les *Topiques* d'Aristote, pour travailler sur ce que peut être « homme », on ne posera pas cet objet comme connu, cerné, défini *a priori.* En d'autres termes, en acceptant la scission entre syntaxe et sémantique, on pose l'objet, mais on ne le construit pas ; on ne rend pas compte de ce qu'opère un discours, une argumentation.

Pour ce faire, on considérera un premier niveau, comme cela a déjà été évoqué, qui est celui de l'acte de langage et de la relation sous-jacente à cet acte. On ne peut dire sans dire quelque chose de quelque chose. La relation de base constitutive de tout énoncé sera donc du type *xRy* — nous l'avons exposé : on pose quelque chose et on le met en relation avec autre chose :

Jean aime la soupe

Les chats aiment les souris

Cette relation de base observée à partir de ce qui est posé dans l'énoncé permet d'inférer les actions énonciatives qui sous-tendent chaque prédication. Prendre en compte cette dimension énonciative sous-jacente signifie intégrer dans l'analyse les marques indicielles du langage, à travers les différentes formes de la *deixis,* et les types d'actions que toute production langagière implique, à savoir les dimensions illocutionnaires et allocutives. Il y a quatre grandes catégories de marques énonciatives : les interlocuteurs, le temps de l'allocution, son lieu et ses modalités, qui composent à chaque fois, la relation établie entre locuteur, interlocuteurs et énoncé.

La perspective énonciative que j'adopte suppose donc de travailler à la fois sur les aspects indiciels du langage — le temps, les pronoms, les verbes de parole — et sur les actions de langage telles qu'elles sont manifestées dans les instances de discours.

Jean aime la soupe c'est-à-dire : « ce que Jean aime, c'est la soupe », ou encore « il y a de la soupe, Jean aime ça, il la mangera » ou encore « tu peux faire de la soupe, Jean la mangera ».

Les chats aiment les souris c'est-à-dire que s'il y a une caractéristique commune à tous les chats, c'est « leur amour pour les souris », mais si mon interlocuteur sait que les chats mangent les souris, il comprendra que j'évoque une curieuse forme d'amour et cette connivence nous permet de considérer ironiquement une propriété des chats tout aussi cruelle qu'utile.

Ces quelques petits exemples permettent deux observations en guise de rappel :

1/ On retrouve là les problèmes classiques de la thématisation et de la prédication, mais il importe de réaborder ces problèmes dans une perspective cognitive, c'est-à-dire intriquant à la fois, les actions du sujet sur du sens et les actions de ce sujet vis-à-vis d'autrui.

2/ De ce point de vue, il est manifeste que tout énoncé est porteur de bien plus d'actions sémantiques qu'il n'en marque syntaxiquement. Cela peut s'appeler parfois « ambiguïté » ; en vérité, il s'agit de cette plasticité inhérente au langage et qui lui permet de s'ajuster en permanence à un nombre considérable de situations et d'interlocutions.

Cette nécessité d'ajustement quotidien du langage aux choses et aux situations, il serait impossible qu'elle se fasse sous forme de formules répertoriables, ou pragmatiquement conventionnnelles. Le catalogue serait trop vaste. Il faut donc bien qu'elle repose sur une capacité combinatoire inhérente à l'activité de langage, c'est-à-dire à la langue mise en action. Cette évidence combinatoire ne peut qu'être tributaire d'opérations dont la finalité est de permettre nos manipulations quotidiennes du langage. Si on veut définir ces opérations, cela ne peut se faire qu'à un niveau métalinguistique et dans une perspective cognitive. Ces opérations ont une double mission :

1/ ajuster des formes d'agencement linguistique à des visées de sens ;

2/ recombiner en permanence les rapports entre sujets et objets, entre sujets et interlocuteurs, entre sujets et « représentations du monde ».

Les opérations de langage fonctionnent donc, d'abord comme indices internes de reconnaissance et de compréhension du sémantique, ensuite comme instructions externes de lecture des conditions pragmatiques de production et de formulation d'un énoncé ou d'un discours.

Si nous reprenons alors les concepts classiques de thématisation et de prédication, ils traduisent bien ce fait essentiel qu'on ne peut cognitivement parler d'un objet sans lui affecter une caractéristique, une propriété ni parler d'une situation concrète ou d'un état abstrait des choses sans leur affecter un mode d'être, un statut spécifique. Et c'est sur ces éléments que le lecteur ou l'auditeur se fondera pour comprendre, interpréter, juger.

Pierre sait le russe, du point de vue thématique, cela peut s'interpréter aussi bien comme « c'est Pierre qui sait le russe » ou « ce que Pierre sait, c'est le russe » ou encore « il y a au moins une chose que Pierre sait, c'est le russe » ou enfin « il y a Pierre qui sait le russe » ; du point de vue prédicatif, ce qui est attribué à Pierre, c'est cette propriété de savoir le russe, laquelle peut être interprétée selon une échelle de valorisation dépendant à chaque fois, de la situation d'énonciation.

On voit donc que déjà, au simple niveau de l'énoncé, la prédication ne serait-ce que d'une seule propriété à un sujet, à un objet ou à une situation s'impose comme construction d'une caractérisation de ce sujet, de cet objet ou de cette situation. *Chaque énoncé est une façon de présenter les choses et de ce point de vue, je l'ai dit, il est d'emblée argumentatif.*

Argumenter en conséquence, c'est surtout pour un sujet à chaque fois, affirmer une certaine position vis-à-vis de ses propres perceptions en regard de connaissances admises ou controversées, en regard encore des opinions connues ou supposées d'autrui. Et pour ce faire, il lui faut choisir de « présenter » de ce qu'il choisit des choses, ou plus précisément de leurs représentations connues ou supposées.

Dès l'origine donc, nous sommes toujours en situation de devoir travailler sur des représentations antérieures ou nouvelles du monde. Il nous faut argumenter en permanence nos propres conceptions et par là, tenter de nous affirmer. Cela revient à dire que tout discours exprime une certaine inscription cognitive de son sujet dans le monde sous la forme de ce travail de connaissance qu'il doit assurer à travers son langage.

Toute argumentation d'un sujet suppose donc la mise en d'œuvre d'actions de sens travaillant des représentations du monde et le rapport entre ce sujet et ces représentations. Ces actions sont tributaires à la fois de ce qui existe, à savoir des représentations antérieures à travailler, et des moyens pour le faire : le langage. Les fonctionnements de celui-ci nous sont décrits classiquement par la grammaire, mais celle-ci — on l'a vu — n'est qu'un système de normes assurant la stabilisation des repères fonctionnels pour favoriser l'intercompréhension. À ce niveau, nous ne faisons qu'effectivement manipuler des règles d'agencement pour être compris des locuteurs de notre communauté, mais si nous voulons agir sur des sens et fabriquer du sens, il faut bien que nous jouions sur ces repères fonctionnels en les déplaçant vers un autre niveau qu'on peut qualifier à la fois de cognitif au sens d'opérations sémantiques marquant des positions du sujet vis-à-vis de ce qu'il évoque et de langagier au sens d'opérations métalinguistiques marquant le rapport du langage aux choses. Ces deux types d'opérations vont sous-tendre les combinatoires d'opérations discursives et argumentatives.

Je vais m'efforcer maintenant de repréciser ces opérations. Si on admet encore qu'elles interviennent aux niveaux métalinguistique et métacognitif, on comprendra qu'elles sont de nature générique et nécessairement en nombre limité, mais suffisamment souples pour assurer nos ajustements quotidiens aux situations et au système même du langage.

Du côté du cognitif, les opérations seront bien sûr de nature conceptuelle : opérations mentales, schémas de compréhension et de représentation prenant forme de raisonnements. Du côté du langagier, il s'agira des marques spécifiques au système du linguistique, mais reconsidérées en termes de *repères* des manipulations de ce système en vue d'ajuster des rapports entre sujets, entre situations et entre représentations de ces situations. L'appréhension des opérations cognitives se fonde ainsi sur l'observation des processus généraux d'extension, de restriction ou d'équivalence entre « représentations des choses » ou « concepts » dans nos conduites de « pensée », et cela au travers de ces processus de réduction, de généralisation et de transfert que révèlent nos raisonnements les plus quotidiens. La définition des opérations langagières résulte ainsi de l'analyse des modes de la manipulation des marques internes à l'énoncé et de celles, externes — logiques et relationnelles, assurant le passage d'énoncé à énoncé au sein d'un discours.

> **Application 17 :** *Tout énoncé — et a fortiori tout discours — va se donner ainsi à la fois, comme un « construit » sous forme des marques de relations qu'il véhicule et comme un « opérant » au sens des instructions de mises en relations cognitives que ces marques suggèrent ou imposent. Cela, de par cette schématisation active qui sous-tend et motive nos conduites langagières, intriquées en ce sens aux actions que nous opérons conceptuellement sur le monde et ses objets, les uns déjà connus (« construits »), d'autres sans cesse à explorer, facteurs donc de nouvelles connaissances (à savoir : « opérant » sur nos connaissances antérieures).*

Ainsi, tout « objet » d'un discours — référant à une situation abstraite ou concrète — ne pourra être interprété et « admis » que dans un espace linguistiquement marqué qui déterminera en extension ses propriétés, et dans un « champ » conséquent d'indexation référentielle qui les précisera en compréhension cognitive.

S'agissant maintenant de résumer les statuts effectivement combinés de cette intrication cognition-langage, je dirai — pour reprendre le couple « thème-prédicat », définissant la structure de base de l'énoncé et jamais démenti dans l'histoire de la linguistique — que :

- La **thématisation** aura pour fonction de poser ou construire énonciativement des « natures » : images d'entités-notions renvoyant à des « *construits* » (schémas mentaux pré-établis) ou visant à fonder de nouveaux « construits », en d'autres termes, à reconstruire des mises en relation entre objets et propriétés visant ainsi, à l'affirmation de nouvelles *catégorisations,* et par là d'autres *notions.*

- La **prédication** en conséquence, contribuera à « *l'illustration des images énonciatives* » ainsi visées, autant pour confimer « la place », le statut de ce qui sera thématisé que pour conduire à cette « mise en place » ; cela sous forme de modulations d'attributions (procès, propriétés et temporalités), orientant vers la confirmation et la reconnaissance des caractéristiques choisies pour spécifier tel ou tel objet ou situation. Ainsi seront autant affirmées des « réalités » que délimités pour le faire, des *domaines d'objets,* des *espaces d'existence,* des *champs de portée.*

Application 18 : *Il y aura donc toujours intrication permanente entre modes du « posé » énonciatif et processus opérant dans la visée de légitimer ce « posé » sous forme de constructions prédicatives.*

Dès lors, les **opérations langagières** sous-tendant ces processus énonciatifs, peuvent à leur tour, être ramenées à *deux types généraux :*

- Des **localisations** qui reviennent nécessairement à des **identifications :** pour parler de quelque chose, il faut le localiser dans le temps, dans l'espace, dans une situation et c'est cette localisation qui va permettre d'identifier ce quelque chose. Ainsi : désigner, nommer un objet, c'est aussi lui accorder statut d'identité et donc, d'élément ou d'entité du monde. Et cela dès l'ontogenèse du langage, on l'a vu. Langacker,[144] sous une autre forme, n'évoque pas autre chose lorsqu'il souligne l'importance des *relations de base conceptuelles (basic conceptual relations)* qui vont fonder les rapports essentiels entre activité langagière et activité cognitive dans la constitution des relations prédicatives. Ces « relations de base », précise-t-il, sont nécessairement fondées sur *l'identité (identity ou co-incidence), la séparation (non-coincidence), l'association (neighborhood) et l'inclusion.* L'*identité* en particulier, montre-t-il bien, va fonctionner de manière réciproque à la *séparation.* Du point de vue linguistique donc, les opérations de localisation et d'identification empruntent aussi bien les formes de la *deixis* (pronoms, marqueurs spatio-temporels, anaphoriques) que celles classiques de la dénomination : lexiques standardisés ou en émergence.

« *Le livre est sur la table* » : j'identifie un objet livre, je l'associe à un objet-support, la table, et j'inclus ainsi l'ensemble dans une configuration spatiale (livre et table) et temporelle (c'est maintenant qu'il y a un livre sur la table).

- **Des différenciations** qui fondent **des déterminations :** on n'identifie pas sans différencier en retour, c'est-à-dire qu'il faut toujours distinguer, séparer l'objet dont on parle d'autres

[144] Langacker, Ronald, W, *Foundations of cognitive Grammar*, Stanford Univ. Press, 1987.

objets qui pourraient s'avérer proches ou semblables. Pour différencier ce dont on parle de ce dont il ne s'agit pas, il faut donc non seulement localiser, mais aussi déterminer l'objet de discours. Les opérations de détermination, ce sont toutes les caractérisations de l'objet : qualifications, attributions de propriétés, quantifications, types de procès qui vont spécifier des *modes d'être* de cet objet dans le discours.

Concrètement, toute opération de *différenciation* va nécessairement affecter à la *localisation-identification* d'un objet ou d'une situation, *un premier type de détermination* sous forme de *caractérisation* marquant des propriétés et « des modes d'être ou d'action » ; ce qui dans le langage, se marquera par cet emploi commun des attributs, des qualificatifs qu'on va avancer comme « essentiels », autrement dit, comme fondant « la nature » d'un objet, d'un fait, d'un événement.

Le *second type de détermination,* intriqué au premier, va consister à mettre *localisation* et *identification-différenciation* en relation entre elles, en leur donnant caractère de plausibilité et donc d'acceptabilité sinon de « vérité », sous forme d'*ancrage* dans un processus situationnel et donc de référence.

Toute *détermination* implique en conséquence, à la fois, une *quantification* des éléments considérés (déterminants, genres, nombres), leur *qualification* au sens des propriétés qui leur seront affectées (adjectifs, adverbes) et leur placement en situations d'*états* ou de *processus* (verbes, temps, aspects).

Reprenons l'exemple antérieur *: « La démocratie, ce n'est pas le régime totalitaire : le peuple peut s'exprimer, il a le droit de vote » :* l'objet « démocratie » est identifié comme se différenciant de l'objet « régime totalitaire » ; il est construit comme notion en lui attribuant une propriété qui est celle offerte aux citoyens de pouvoir voter librement ; sous-entendu que tel n'est pas le cas en régime totalitaire ; et cette propriété est avancée comme essentielle pour fonder la détermination réciproque des deux notions, par suite leur différenciation voire leur opposition.

Application 19 : *C'est pourquoi, au fondement de toute énonciation, ce qui sera donné comme localisation visera nécessairement à l'identification et donc à l'inclusion dans un certain domaine de référence — objets acteurs et situations —, et cela ne se pourra qu'en regard de « séparations », autrement dit, de différenciations, visant à confirmer la détermination de ce qui sera là construit.*

Quelles vont être alors, les **opérations cognitives** intriquées à ces opérations langagières jouant des marques du linguistique ? En vérité, ces opérations cognitives ont pour visée essentielle et permanente de marquer d'une part, des *modes d'existence ou de mouvement* de « la réalité », et d'autre part, de construire et déclarer des *représentations* de cette « réalité ». Ce seront donc :

- Des **identifications-différenciations** également, au sens qu'il s'agira pour tout acte de langage, de *déclarer l'existence et la nomination* possible d'objets, dès lors thématisés avec pour condition, celle de spécifier au moins certaines propriétés qui leur seront prédiquées aux fins justement de les caractériser.

  Sa maison, c'est lui qui l'a réparée (beaucoup ne savent pas le faire)

- Des **stabilisations-destabilisations :** à savoir que la finalité de toute énonciation va consister soit à confirmer ce qui est donné comme « existant » soit à le remettre en cause ou surtout, à l'argumenter. Autrement dit, il s'agira tantôt d'« appuyer » des sens déjà construits et donc, de « clôturer » des champs de significations attribuées à des objets et des situations du monde tantôt au contraire, de déplacer les « *frontières* » de ces champs sémantiques, d'en *modifier ainsi les extensions aux fins d'en déconstruire les intensions.* Cela bien sûr, pour destabiliser certaines représentations en vue d'en stabiliser d'autres.

Ainsi, par exemple, des aventures historiques du « microbe », qui, depuis sa découverte par Pasteur, va d'abord se stabiliser dans un certain champ de signification scientifique puis, par transfert, glisser vers d'autres champs de signification sociale, champs producteurs dès lors de multiples argumentations. D'où l'exemple déjà cité ;

> « *Le microbe, avant comme après 1878, date à laquelle il est* « *baptisé* » *est aussi bien un objet biologique qu'un objet médical, un objet juridique relevant de la législation, un objet économique relevant des brevets, un objet d'enseignement qu'un objet de moralisation.*[145] »

Chaque sujet va s'efforcer ainsi de marquer son originalité de pensée, de s'approprier certaines conceptions en regard d'autres qu'il refuse et que par suite, il remet en cause. D'où le troisième type d'*opérations cognitives*, indissociables des précédentes :

- Des **appropriations-desappropriations :** on ne peut concevoir en effet, d'identifications et de stabilisations d'univers de discours — se donnant comme « mondes de pensée ou d'idées » — qu'en regard de celui qui à chaque fois, les prend en charge. Toute énonciation marque nécessairement le rapport de son énonciateur vis-à-vis de ce qu'il énonce et surtout, de la façon dont il réfère cela, c'est-à-dire des types de « mondes » qu'il choisit d'évoquer et des *frontières de sens* qu'il leur attribuera pour ancrer et légitimer son dire. Ces *appropriations* qui correspondent à des *prises en charge* (marques de « *présence* » du sujet énonciateur dans l'énoncé) seront donc toujours complémentaires de *desappropriations* vis-à-vis d'autres discours et d'autres univers de références conceptuels.

> « *Je travaille sur la logique de l'argumentation ; je suis un logicien malpropre* » (sous-entendu : je m'intéresse à une logique naturelle qui n'est pas la logique formelle considérée comme » pure ; pardonnez-moi de ne point participer aux « essences » mathéma-

[145] Salomon-Bayet, Claire, *Pasteur et la révolution pastorienne*, Payot, 1986.

tiques de la logique ; acceptez, si vous le pouvez, mon domaine de recherche…)

Application 20 : *Toute expression symbolique de nos rapports cognitifs au monde ainsi, ne peut s'exprimer que discursivement. L'argumentation est la forme commune que prennent les jeux de ces rapports discursifs et représentationnels du monde.*

Les opérations de discours constitutives en conséquence de toute argumentation vont résulter de cette intrication entre opérations cognitives et opérations langagières. Ce seront :

- **Des opérations de sélection :** tout discours va choisir et sélectionner les objets dont il traitera : acteurs, situations, processus, événements, notions. C'est sa visée et cela au travers de thématisations fondées effectivement sur des identifications et des déterminations successives. Par ces opérations de sélection, d'abord de type lexical puis associant des qualifications à des termes, on va stabiliser des références et exclure d'autres représentations :

> « *Le vote du 8 mai ? Le rejet de la xénophobie, de la France « à deux vitesses », mais aussi de l'agitation politique qui a conduit la France à deux doigts de la rupture des relations diplomatiques avec le Canada pour une affaire de morues, qui a produit vingt-cinq morts électoraux en Nouvelle-Calédonie* ». (M. Rocard, *Le Monde,* 31/5/88)

Il s'agit ici de souligner que la victoire socialiste aux élections de mai 1988 marque le changement et la rupture vis-à-vis d'un régime antérieur qui a cumulé les injustices et les échecs. L'orateur sélectionne donc un certain nombre de notions supposées chaleureuses et humaines, différenciées en contrepoint — le rejet de la xénophobie, de la France à deux vitesses, c'est-à-dire à deux régimes sociaux : les nantis et les exclus — et leur associe à titre d'images, un certain nombre de faits avancés comme exemplaires d'erreurs politiques : le conflit alors avec le Canada relatif à des zones de pêche, les troubles mortels en Nouvelle-Calédonie. Tout cela, c'était les autres…

- **Des opérations de caractérisation :** ce seront tous les types de qualifications, au sens de propriétés ou de caractéristiques affectées à ces objets de discours : attributs, « essences », « natures », circonstances, qualificatifs :

> « *La plus belle jeune fille de Moscou est gracieuse, pleine de charme, ravissante, se distingue par son bon goût et par le sens de l'humour.* » (Commentaire de l'agence Tass sur l'élection le 12 juin 1988 d'une reine de beauté dans la capitale soviétique)

L'innovation que constituait l'élection d'une miss en pleine époque soviétique pouvait être perçue comme peu conforme à la tradition pudique socialiste. Le commentateur légitime donc cette élection par des qualificatifs qui évitent prudemment les aspects physiques et énumèrent les caractéristiques spirituelles de la miss en question. Après tout, son élection, elle peut aussi la devoir à son sens de l'humour…

- **Des opérations de détermination** qui vont ancrer les objets ainsi sélectionnés et qualifiés dans des modalités d'existence d'une part, sous forme de repères spatio-temporels authentifiant ces existences, et d'autre part, en les identifiant vis-à-vis d'autres représentations ou situations ; cela par tout un jeu d'intégrations et d'exclusions.

> « *L'enquête préliminaire a abouti à un certain nombre de résultats et je n'ai été saisi, à ce moment, d'aucune demande, mais je tiens à dire que je n'ai pas d'éléments qui me permettraient de faire obstacle à l'ouverture d'une information judiciaire. Je pense que la justice doit accomplir son travail, mais l'armée doit être respectée* ». (J.P. Chevènement, *Le Monde,* 01/06/1988)

Il s'agit ici à la fois, de déterminer que le ministre des armées (M. Chevènement à l'époque) ne fait pas obstacle à la justice pour juger certains comportements militaires, mais qu'en même temps, il faut respecter l'armée…

Les configurations discursives combinant ces opérations de sélection, caractérisation et détermination d'objets et de situations du discours, sont toujours nécessairement orientées vers la constitution de jugements répondant à chaque fois, à des visées argumentatives.

- **Des opérations de jugement :** elles vont intervenir aussi bien à l'origine qu'au terme de parcours locaux ou généraux du discours, au titre soit de conséquences de ce qui a été avancé soit d'origines de ce qui va suivre. Ces jugements visent à la généralité sous forme de postulats ou de règles ou de lois données pour comprendre un fait, une situation, une notion. Ces jugements opèrent donc sur des représentations en avançant des *repères* — faits, objets ou événements — pour interpréter à chaque fois, un certain état des choses et pour ce faire, établissent des *frontières* entre ce que le discours dit être et ce qu'il dit ne pas être. Cognitivement, tout processus de jugement dans une argumentation s'opère au travers de stratégies d'inclusion et d'exclusion ou d'effacement en vue de la constitution de domaines de sens. Toute argumentation revient ainsi à un jeu d'images visant à établir pouvoir du discours en vue de stabiliser des représentations.

Application 21 : *En résumé, et c'était le sens de la démarche qui a précédé :*

- Les processus cognitifs visant à nos catégorisations quotidiennes ou générales sont toujours tributaires des combinatoires d'abstractisation que nous sommes amenés à composer à partir de l'observation, mais aussi d'autres discours.

- De ce point de vue, le langage et a fortiori le discours en tant qu'argumentation — c'est-à-dire mode de présentation expressive » et constamment

renouvelée des référenciations — est bien lieu fondateur et nécessaire de ce travail cognitif.

- Nos activités cognitives sont en conclusion, constamment intriquées à nos activités de langage.

Tout se passe en permanence comme si le langage était porteur à la fois d'une mémoire des adaptations organisée phylogénétiquement et réorganisée ontogénétiquement, nous permettant à l'âge adulte, ces jeux combinatoires créateurs d'autant de systèmes de coordinations-adaptations que le rendent nécessaire les circonstances physiques et sociales ; systèmes qui vont donc se donner comme transitions évolutives sous forme d'états témoins d'une dynamique. Laquelle dynamique insère en permanence le langage dans l'existant et l'empirique, selon des processus qu'il nous faut toujours schématiser sur le plan des opérations qui les fondent.

Bibliographie

Ammerman, A.J, Cavalli-Sforza, L.L. (1984), *The Neolithic Transition and the Genetics of Populations in Europe*, Cambridge : Princeton University Press.

Angenot, M. (1982), *La parole pamphlétaire,* Paris : Payot.

Auroux, S. (1988), *Le paradigme lockien et la philosophie du langage*, in « Revue Internationale de philosophie », Vol. 165, No. 2, p. 133-149.

Auroux, S. (2004), *La philosophie du langage*, Paris : PUF.

Austin, J.L. ([1962] 1970), *How to do Things with Words*, Oxford : Oxford University Press, trad. fr., Seuil, 1970.

Badinter, Elisabeth, *Le conflit. La femme et la mère.* Paris, Flammarion, 2010.

Bakhtin, M.M. (1970), *Problèmes de la poétique de Dostoïevski*, Lausanne : L'Âge d'Homme.

Bally, C. (1965), *Linguistique générale et linguistique française*, Berne : A.Francke, A.G. Verlag, 4e éd..

Barre-De Miniac, C., Manesse, D. (1979), *Théories du langage — Théories de l'apprentissage : le débat entre Jean Piaget et Noam Chomsky*, Paris : Seuil, in « Recueil du débat épistémologique sur la nature du langage organisé par Jacques Monod et regroupant divers horizons scientifiques. »

Barthes, R. (1981), *Le grain de la voix,* Paris : Seuil.

Bateson, G. (1972), *Steps to an Ecology of Mind : Collected Essays in Anthropology, Psychiatry, Evolution, and Epistemology*, Chicago : University Of Chicago Press. Traduit sous le titre *Vers une écologie de l'esprit,* Paris : Seuil, t. I : 1977 ; t. II : 1980.

Benveniste, E. (1961), *Le vocabulaire des institutions indo-européennes,* Paris : Minuit.

Benveniste, E. (1966), *Problèmes de linguistique générale*, Paris : Gallimard.

Benveniste, E. (1970), *L'appareil formel de l'énonciation*, in « Langages », No. 17, p. 12-18.

Bernicot, J., Veneziano, E., Musiol, M., Bert-Erboul, A. (2010), *Interactions verbales et acquisition du langage*, Paris : L'Harmattan.

Berthoz, A. (2009), *La simplexité*, Paris : Odile Jacob.

Beuth, M.C. (2009), *Quand le Web réinvente notre quotidien*, Le Figaro, 31 décembre.

Birnbaum, J. (2010), *Communisme, un spectre philosophique*, *Le Monde,* 5 février.

Bloomfield, L. ([1914) 1983), *An Introduction to the Study of Language*, New York : Henry Holt, John Benjamins.

Borel, M.J. (1974), *Raisons et situation d'interlocution*, in « Revue européenne des sciences sociales », Vol. 12, No. 32.

Borel, M.J. (1978), *Discours de la logique et logique du discours,* Lausanne : L'Âge d'homme.

Bréal, M. (1877), *Mélanges de mythologie et de linguistique*, Paris : Hachette.

Bréhier, E. (1982), *La théorie des incorporels dans l'ancien stoïcisme*, Paris : Vrin.

Brouchon, M.H. (1972), *L'Analyse de la réorganisation des coordinations visuomotrices chez l'homme*, in « L'Année psychologique », Vol. 72, No. 1, p. 25-38.

Bruner, J. (2011), *Le développement de l'enfant. Savoir faire, savoir dire,* Paris : PUF, 8e édition, 2011.

Bruner, J.S, *Comment les enfants apprennent à parler*, Col. Actualités pédagogiques, Retz, Paris, 1987. Édition américaine originale : *Child's talk : Learning to use language*, W.W. Norton & Company Inc, New-York, 1983.

Cassirer, E. (1972), *La philosophie des formes symboliques. Tome 1 : le langage*, Paris : Minuit.

Changeux, J.P. (1998), *L'Homme neuronal*, Paris : Hachette, coll. Pluriel.

Chanquoy, L., Negro, I. (2004), *Psychologie du développement*, paris : Hachette.

Chomsky, N. (1969), *La Linguistique cartésienne* suivi de *La Nature formelle du langage*, Paris : Seuil.

Clemenceau, F. (2010), *Président de combat en restant de gauche*, Le journal du dimanche, 10 janvier.

Culioli, A. (1973), *Sur quelques contradictions en linguistique*, in « Communications », No. 20, p. 83-91.

Culioli, A. (1976), *Recherches en linguistique, transcription du séminaire de DEA*, Paris : Université Paris 7.

Culioli, A. (1976), *Transcription du séminaire de D.E.A.*, Paris : Université Paris 7.

Culioli, A. (1978), *Valeurs modales et opérations énonciatives*, in « Modèles linguistiques », Lille : Presses Universitaires de Lille, Vol. I, No. 2, p. 39-59.

Culioli, A. (1981), *Sur le concept de notion*, in « Bulletin de Linguistique appliquée », Besançon : Université de Besançon, No. 5, p. 62-79 ;

Culioli, A. (1985), *Notes du Séminaire de DEA 1983-1984*, Paris : Université Paris 7.

Culioli, A. (1986), *Stabilité et déformabilité en linguistique*, *Études de Lettres*, Lausanne : Université de Lausanne, No. spécial « Langage et connaissances », p. 3-10 ;

Culioli, A. (1989), *Pour une linguistique de l'énonciation*, Tome I, Paris : Ophrys.

Cyrulnik, B. (1998), *La naissance du sens*, Paris : Hachette.

Debord, G. (2006), *La société du spectacle*, *Œuvres,* Paris : Gallimard.

Deleuze, G., *Empirisme et subjectivité. Essai sur la nature humaine selon Hume*, Paris : Presses Universitaires de France, 1953.

Duchesneau, F. (1973), *L'empirisme de Locke*, Lahaye : Springer.

Ducrot, O. (1980), *Les mots du discours*, Paris : Minuit.

Edelman, G., Tononi, G. (2000), *Comment la matière devient conscience*, Paris : Odile Jacob.

Fillmore, C. J. (1970), *Verbes de jugement*, in « Langages », 1970, No. 17, p. 56-72.

Fodor, J. (1983), *The Modularity of Mind : An Essay on Faculty Psychology*, Boston : MIT Press.

Fodor, J., Pylyshyn, Z. (1991), *Minds and Machines*, Vol.1, No. 3, p. 321-341.

Forster, P., Renfrew, C. (2006), *Phylogenetic Methods And the Prehistory of Languages,* McDonald Institute for Archaeological Research.

Frege, G. (1971), *Écrits logiques et philosophiques*, Paris : Seuil, coll., Points, Essais, Seuil.

Gauchet, M. (1971), *Figures de la souveraineté*, in « Textures », Vol. 71, No. 2-3, p. 131-157.

Gauchet, M. (1971), *op.cit,* II.

Gonseth, F. (1937), *Qu'est-ce que la logique ?* Paris : Hermann.

Greenfield, P., Smith, J.H. (1976), *La structure de communication dans le développement précoce de la langue*, Fribourg : Academic Press.

Halliday, M.A.K. (1985), *An Introduction to Functional Grammar*, London : Edward Arnold ;

Harris, Z. (1960), *Structural Linguistics*, Chicago : University of Chicago Press.

Hume, David, *Enquête sur l'entendement humain*, trad. André Leroy, Aubier, Paris, 1947.

Jakobson, R. (1984), *Une vie dans le langage*, Paris : Minuit.

Jeannerod, M. (1983), *Le cerveau machine*, Paris : Fayard.

Jeannerod, M. (2009), *Le cerveau volontaire*, Paris : Éditions Odile Jacob.

Langacker, Ronald, W, *Foundations of cognitive Grammar*, Stanford Univ. Press, 1987.

Locke, J. ([1690] 2009), *Essai sur l'entendement humain*, trad. Pierre Coste, Paris : Le Livre de Poche.

Malinowski, B. (1923), *The Problem of Meaning in Primitive Languages*, in » Ogden, C.K, Richards, I. A, *The Meaning of Meaning* », London : Internal Library of Psychology.

Mallory, J.P. (1991), *In Search of the Indo-Europeans :Language, Archaeology and Myth*, New York : Thames and Hudson.

Marr, D. (1982), *Vision : A Computational Investigation into the Human Representation and Processing of Visual Information*, New Yprk : W. H. Freeman and Company.

Martinet, A. (1960), *Éléments de linguistique générale*, Paris : Armand Colin.

Maturana, H, Varela, F. (1980), *Autopoiesis and Cognition*, in « Boston Studies in Philosophical Science », Boston : D. Reidel, Vol. XLII.

Milner, Jean-Claude, *Introduction à une science du langage*, Paris: Le Seuil, 1989.

Onfray, M. (2010), *Le Nouveau Parti anticapitaliste, ou la schizophrénie en bandoulière*, *Le Monde*, 20 février.

Peirce C. S, (1931-1935), *Collected Papers*, Cambridge : Harvard University Press.

Piaget, J. (1951), *Le jugement moral chez l'enfant,* Paris : PUF.

Piaget, J. (1957), *Les liaisons analytiques et synthétiques dans les comportements du sujet,* Paris : PUF, 1957.

Piaget, J. (1959), *La formation du symbole chez l'enfant*, Neuchâtel : Delachaux & Niestlé.

Piaget, J. (1967), *Logique et connaissance scientifique*, Paris : Gallimard, La Pléiade, p. 96.

Putnam, H. (1981), *Reason, Truth and History*, Cambridge : Cambridge University Press.

Putnam, H. (2011), *Le réalisme à visage humain*, Paris : Gallimard, coll. Tel.

Putnam, Hilary, *Raison, vérté et histoire,* Paris, Minuit, 1984 ; Cambridge University Press, 1981.

Renfrew, C. ([1987] 1990), *L'énigme indo-européenne : Archéologie et langage*, trad. Michèle Miech-Chatenay, [*Archaeology and Language : The Puzzle of the Indo-European Origins*], Paris : Flammarion, coll. Champs, 1e éd.

Ribaut, J.C. (2010), *Pulsions identitaires dans les assiettes*, Le Monde, 9 janvier.

Salomon-Bayet, C. (1986), *Pasteur et la révolution pastorienne,* Paris : Payot.

Sextus Empiricus (1948), *Esquisses pyrrhoniennes*, Trad. de J. Grenier et G. Goron, Paris : Aubier-Montaigne.

Sperry, R.W. (1961), *Cerebral organization and behavior*, in « Science », Vol. 133, p. 1749-1757.

Thom, R. (1983), *Paraboles et catastrophes,* Paris : Flammarion.

Trevarthen, C. (1984), *How control of movements develops*, in « Human Motor Actions : Bernstein Reassessed », H.T.A. Whiting (Ed.), Amsterdam : Elsevier (North Holland), p. 223-261.

Veneziano, E. (2000), *Interaction, conversation et acquisition du langage dans les trois premières années*, in « L'acquisition du langage », Vol. 1, *L'émergence du langage*, Collection Psychologie et Sciences de la pensée, Dans M. Kail & M. Fayol (eds.), Paris : P.U.F. p. 231-265.

Vignaux, G. (1976), *L'argumentation,* Genève : Droz.

Vignaux, G. (1980), *De la simplicité comme argument. Juges et procureurs,* in « Recherches », No. 40, 161-202.

Vignaux, G. (1988), *Le discours, acteur du monde. Enonciation, argumentation et cognition,* Paris : Ophrys.

Vignaux, G. (1999), *Le démon du classement*, Paris : Seuil.

Vignaux, G. (2003), *Du signe au virtuel*, Paris : Seuil.

Von Glasersfeld, E. (1988), *Introduction à un constructivisme radical*, in « Paul Watzlawick : *L'Invention de la réalité* », Paris : Seuil.

Whitney, W.D ([1875] 2005), *La vie du langage*, Paris : L'Harmattan.

Watzlawick, P. (1998), *Une introduction au contructivisme radical*, in » L'invention de la réalité° », Paris : Seuil, 1985 rééd. 1984 et trad. 1988.

Éditions V/F
Paris, Québec

www.ingramcontent.com/pod-product-compliance
Lightning Source LLC
LaVergne TN
LVHW012051160826
845678LV00014B/2780

9782923690087